Neubauer | Conrad

Schau gut auf dich!

Ursula Neubauer | Tobias Conrad

Schau gut auf dich!

Wie dich Selbstfürsorge gesund und stark macht

GOLDEGG VERLAG

Bildrechte Autorenfoto: © Florian Albert Photographie
Bildrechte Umschlaggestaltung: Alexandra Schepelmann/donaugrafik.at
Bildrechte Foto Anhang: Natalie Paloma Photographie.

Der Verlag und seine Autoren sind für Reaktionen, Hinweise oder Meinungen dankbar. Bitte wenden Sie sich diesbezüglich an verlag@goldegg-verlag.com.

Der Goldegg Verlag achtet bei seinen Büchern und Magazinen auf nachhaltiges Produzieren. Goldegg Bücher sind umweltfreundlich produziert und orientieren sich in Materialien, Herstellungsorten, Arbeitsbedingungen und Produktionsformen an den Bedürfnissen von Gesellschaft und Umwelt.

ISBN: 978-3-99060-126-6

Friedrichstraße 191 • D-10117 Berlin
Telefon: +49 800 505 43 76-0

Goldegg Verlag GmbH, Österreich
Mommsengasse 4/2 • A-1040 Wien
Telefon: +43 1 505 43 76-0

E-Mail: office@goldegg-verlag.com
www.goldegg-verlag.com

Layout, Satz und Herstellung: Goldegg Verlag GmbH, Wien
Printed in the EU

Geleitwort

Mit Freude schreibe ich für dieses Buch ein Vorwort. Seit mehr als 40 Jahren erforsche ich mit meinem Team, was es bedeutet ganzheitlich gesund zu sein. Dieses Buch fasst so viele Aspekte zusammen, die für Gesundsein und Wohlfühlen verantwortlich sind.

Das Besondere ist, dass dieses Buch nicht nur viel Klarheit bringt, sondern mit ganz viel Liebe geschrieben ist. Diese Liebe ermöglicht es, dieses Wissen zusammenzufügen und lebendig werden zu lassen.

Es ist eine Freude sich zu bewegen, sich zu spüren und gemeinsam mit anderen all das Schöne um sich herum mitzugestalten. Das ist die Basis für gesundes Sein und ein sinnvolles Leben.

Viel Spaß beim Lesen, Lernen und Leben …

Gundl Kutschera Wien, 6. 5. 2019

Inhaltsverzeichnis

Vorwort: Schau gut auf dich!

Du hast es verdient: ein gesundes, glückliches Leben in Fülle und voller Leichtigkeit. Wahrscheinlich würden nur wenige Menschen jetzt sagen: »Ja, genau so eines führe ich!« Und das ist schade. Hast du hingegen manchmal das Gefühl, zu kurz zu kommen? Da bist du in guter Gesellschaft! Viele Menschen in unserem Umfeld haben sich für ihren Job aufgeopfert und sich dann gefragt: wozu eigentlich? Sie haben zurückgesteckt für die Familie, den Partner, die Partnerin – aber auf wessen Kosten? Immer wieder haben sie verzichtet, Rücksicht genommen, nachgegeben, sich eingeschränkt, sich verausgabt und Erwartungen erfüllt. Irgendwann zweifeln sie, ob es das wert war – oder ob da nicht manchmal etwas auf der Strecke geblieben ist. Man selbst vielleicht? Die eigene Zufriedenheit? Die Gesundheit?

Egal, an welchem Punkt du im Moment stehen magst, wir plädieren dafür, dass du dein Leben (wieder) so richtig genießt und dich wichtig nimmst, weil das nicht nur zufrieden, sondern auch gesund macht. Ganz oft hört man, man solle sich um sich selbst kümmern, weil es glücklich mache. Aber ein noch größerer Gewinn ist aus unserer Sicht die Gesundheit, die man dadurch fördern kann – die Wissenschaft ist da ganz auf unserer Seite. Inzwischen kann man zum Beispiel auf Zellebene zeigen, dass deine Haltung und die Art, wie du denkst, direkten Einfluss auf deinen Körper und somit auf deine Gesundheit haben. Wir werden in diesem Buch darüber aufklären, was der wissenschaftliche Stand im Bereich der Selbstfürsorge ist.

Was du hier mit diesem Buch in der Hand hast, ist übrigens kein Ratgeber, der dir erklärt, wie es »richtig« geht. Vielmehr ist es eine Anregung, selbst ein Konzept zu entwickeln, das dich gesünder und zufriedener macht. Es ist ein Weg, ein individuelles Konzept für dich zu finden – eine Einladung, dir über deine ganz persönlichen Werte Gedanken zu machen, auf denen fußt, wie du leben und für dich sorgen willst. Und wahrscheinlich tust du damit nicht nur dir etwas Gutes, sondern auch deinen (möglichen) Kindern und Enkelkindern. Denn führst du ein entspanntes, gesundes Leben, dann wirkt sich das positiv auf deine Nachkommen aus. Das zeigt inzwischen die Epigenetik, ein relativ junger Forschungszweig, der sich damit befasst, wie Erfahrungen, Umwelteinflüsse und Lebensstil an folgende Generationen weitergegeben werden.

Das Programm, das wir dir hier vorstellen, nennen wir »Happy Ethik«. Wir – das sind übrigens Ursula (Journalistin und Schreibcoach und hier im Buch immer als »ich« unterwegs) und Tobias (Arzt und Meditationstrainer) und folgende Fragen sind für uns entscheidend, wenn wir davon reden, unser Leben gut und gesund zu gestalten: Wer will ich sein? Wie will ich reden oder denken? Nach welchen Werten richte ich mich aus? Wie will ich mit anderen und mir selbst umgehen? Wie will ich gut für mich sorgen?

Wir sind davon überzeugt: Die beste Expertin, der beste Experte für dich kannst nur du selbst sein. Für dich funktionieren kann nur, was du dir selbst überlegt und herausgefunden hast. Du darfst es dir wert sein, dich gut um dich zu kümmern. Ich hoffe, du stößt dich nicht an dem »Du« – wir duzen dich, weil wir glauben, dass bei den Themen, um die es in diesem Buch geht, ein distanziertes »Sie« fehl am Platz wäre.

Der Aufruf von Tobias und mir heißt: Entwickle deine eigene Happy Ethik für ein gesundes Leben voller Lebensfreude und Wertschätzung dir selbst gegenüber! Probiere die Dinge aus, die wir dir in diesem Buch vorschlagen und nimm mit, was davon für dich passend ist! Leg für dich persönliche Regeln als deine eigenen Handlungsanweisungen fest! Du könntest sagen, du legst deine persönlichen Gesetze fest – auch wenn das recht streng klingt. Aber entscheide für dich: So will ich sein, so will ich mich fühlen. Das will ich für mich tun, das tut mir gut, deshalb nehme ich mir Zeit dafür. So will ich, dass andere mit mir umgehen. So will ich mit anderen umgehen. Das sind die Werte, die für mich gelten. Wenn wir von »ethisch sein« reden, dann meinen wir das nicht nur anderen gegenüber, sondern vor allem uns selbst gegenüber.

Am Ende dieses Buches ist eine Vorlage für dein persönliches Regelwerk – ob du sie ausfüllst oder deine Happy Ethik in anderer Form festhältst, liegt natürlich ganz bei dir. Dort werden wir dich auffordern, aus all den Tools, Infos, Erklärungen und Übungen, die du in diesem Buch kennenlernst, die festzuhalten, die du zukünftig und langfristig in deinem Leben nutzen möchtest. So kannst du eine Art Vertrag mit dir selbst schließen, damit es dir leichter fällt, dranzubleiben – es geht immerhin um deine Gesundheit und Zufriedenheit.

In jedem Kapitel regen wir dich an, dir »vorübergehende Verordnungsvorschläge« zu machen – das heißt aus den vorgestellten Dingen Verschiedenes auszuprobieren. Achte zum Beispiel für einen Zeitraum von zwei Wochen – oder einen anderen beliebigen Zeitraum – darauf, was für dich funktioniert und was nicht. Halte es fest, wenn du magst – dann fällt es dir am Ende des Buches leichter zu entscheiden, welche der Verordnungen in deinem Alltag bleiben sollen.

Wir wissen, dass zwischen dem theoretischen »Ich weiß, dass mir das gut tut« und dem praktischen »Ich mache das« manchmal Welten liegen. Auch beim Lesen dieses Buches kann es sein, dass man das Gefühl bekommt, dass der Alltag, der innere Schweinehund, die Umstände, die Laune oder die Zeit dafür sorgen, dass schnell alles wieder verblasst und wird wie früher. Das kennen wir. Dass es einem einmal besser und einmal schlechter gelingt, gute Vorsätze zu leben, ist ganz normal. Das geht Tobias und mir auch so. Also bitte, bei all den klaren Aufforderungen, die du in diesem Buch liest – stress dich nicht! Denn Stress hat nichts mit »Das Leben genießen« zu tun. Dranbleiben zahlt sich aber trotzdem aus – versprochen!

Happy Tun

Wer willst du sein und was willst du tun? Für dich tun, gemeinsam mit anderen oder im Job? Hast du schon einmal überlegt, was dein aktives Tun dazu beitragen kann, dass es dir gut geht? Wie sorgst du ordentlich für dich? Nach welchen Werten richtest du dein Handeln aus? Wir reden auf den nächsten Seiten von Hobbys, von Bewegung, davon, dass du deinem Körper buchstäblich einen »Stupser« geben kannst, wie du dir den Arbeitsalltag erleichtern kannst oder warum es wichtig ist, öfter auf deine Erfolge zu schauen und sie wertzuschätzen.

1. Das Tun, die Freude und du

In der Theorie sind wir großartig

Als »Glücksparadoxon« bezeichnet ein Forscherteam aus den USA die Tatsache, dass wir durchaus wissen, was uns guttut und was uns Freude macht. Und auch, was dazu beitragen würde, dass wir uns langfristig glücklich und zufrieden fühlen. Nur sind wir oft zu faul, es auch wirklich zu tun – es fehlt uns an Energie und Antrieb. In der Theorie kriegen wir also eine 1, in der Praxis eine 5. Vor allem anzufangen fällt uns schwer. Da ziehen wir es vor, auf der Couch zu bleiben, im Internet zu surfen und in den Fernsehapparat zu starren, anstatt aktiv zu werden und wirklich rauszugehen. Das Dumme ist, dass das, was uns anhaltend erfüllt und gut für unsere Gesundheit ist, oft mit Anstrengung verbunden ist. Das merken wir, wenn wir ein Musikinstrument spielen oder neu lernen, uns künstlerisch austoben oder uns beim Sport verausgaben – eben all das tun, was uns in den Flow bringt. Das ist der Zustand, den der Psychologe Mihály Csíkszentmihályi beschreibt und der sich einstellt, wenn wir ganz in einer Beschäftigung aufgehen, uns mitunter einer Aufgabe widmen, die uns fordert. Um in diesen Flow zu kommen, müssen wir uns manchmal überwinden.

Eine Teilnehmerin eines unserer Seminare war auch in so einem Dilemma. Sie wusste genau, dass es ihr richtig guttut, draußen zu sein und im Wald spazieren zu gehen – und sie war unglücklich darüber, dass sie es so selten schaffte. Sie hat sich gefragt, wie sie die Theorie in die Praxis umsetzen kann. Sie hat dann rausgefunden, worin ihr Problem liegt: Sie nimmt diese Impulse hinauszugehen zwar wahr, verschiebt das Spazierengehen aber immer auf einen späteren Zeitpunkt, der ihr in ihrem Tagesablauf sinnvoller erscheint. Meistens hat sie zu diesem Zeitpunkt aber keine Lust mehr, sich anzuziehen und vor die Tür zu gehen und bleibt zu Hause. Was sie also geändert hat: Sie gibt ihren Impulsen jetzt immer dann nach, wenn sie sie hat. Nachdem sie von Zuhause aus arbeitet und zeitlich flexibel ist, ist das eine Variante, die gut für sie funktioniert.

Ein Leben lang zu entdecken, neugierig zu bleiben, Dinge auszuprobieren und sich neuen Herausforderungen zu stellen, ist ein zentraler Faktor, wenn es darum geht, gesund älter zu werden und fit zu bleiben. Das kann für jede/n etwas anderes bedeuten: Die eine liebt lange Spaziergänge, der andere malt ein Bild. Der eine liebt es, im Garten zu arbeiten, die andere, Schach zu spielen. Die eine hat Lust, eine neue Sprache zu lernen, der andere singt im Chor. Der eine kann nicht ohne seine tägliche Joggingrunde leben, die andere geht völlig darin auf, Rätsel zu lösen. Es gibt so viel, das man für sich und mit sich selbst tun kann.

Und dabei müssen wir aufpassen, nicht in eine Leistungs- und Wettbewerbsfalle zu tappen. Es ist modern geworden, aus seinem Hobby etwas Profitables zu machen, es zu vermarkten und zu inszenieren. Schnell wird neben dem Vollzeitjob dann ein Start-up gegründet. Oder wer gerne kocht, wird sofort gefragt, ob er einen Blog hat. Ein Hobby zu haben, das einem einfach Freude macht, taugt kaum noch etwas – was man tut, muss entweder Geld oder Ansehen bringen. Auf Instagram oder Facebook zu zeigen, was man in seiner Freizeit alles leistet, ist angesagt. Und schon droht etwas, das uns an sich guttut – die Aktivität –, uns wieder unter Leistungsdruck zu setzen. Sich also etwas zu suchen, das einen gleich wieder in einen Wettbewerb oder in Konkurrenz zu anderen bringt, halten wir nicht für sinnvoll.

Wir fordern dich zu Aktivitäten auf, die du machst, weil sie dir Freude bringen, weil du sie genießen kannst. Hör nicht darauf, wenn andere sagen: »Damit vergeudest du deine Zeit!« Tu, was dir guttut!

Ein Hoch auf die WolkenbeobachterInnen!

Wie gut uns diese Form des Aktivseins tut, betonte einmal Hirnforscher Gerald Hüther in einem Gespräch mit mir. Darin ging es um das Nichtstun – also die aktive Art des Nichtstuns, auch wenn das im ersten Moment paradox klingt. Gemeint ist damit nicht das passive Sich-berieseln-Lassen auf der Couch durch die Daily Soap oder das halbherzige Herumklicken im Internet, sondern das aktive Nichtstun, das sich einstellt, wenn man zum Beispiel spielt. Oder wenn man in den Himmel schaut und ganz bewusst die Wolken beobachtet – ohne Absicht, ohne Ziel. Ohne dass es ums Gewinnen oder Bessersein geht. »Nur wenn wir uns ohne Absicht und ohne Zweck mit etwas beschäftigen, öffnet sich das Gehirn für das, was alles möglich ist«, sagte Gerald Hüther damals zu mir. Dann ist da Raum für neue Ideen, dann sind wir im Flow, dann fühlen wir uns gut und das ist gut für unsere Gesundheit.

Wie schwierig es manchmal ist, geeignete Aktivitäten zu finden, hat auch Tobias erlebt. Er hat viel ausprobiert, weil es gerade »in« war oder andere Spaß daran hatten. Doch nur, weil andere Freude dabei hatten, galt das nicht automatisch für Tobias.

Er hat gemerkt, dass ihm die Dinge, die er wirklich gern macht, auch leichtfallen. Leider ist das in unserer Gesellschaft wenig wert. Was wir mit Freude und Leichtigkeit tun, wird nicht anerkannt, selbst wenn es um Beschäftigungen geht, die man nur für sich macht – wie Hobbys. Da beeindrucken uns eher die MarathonläuferInnen als die WolkenbeobachterInnen.

Tobias und ich wollen hier also klar zum »Tun« aufrufen. Zu einem freudvollen Tun. Einem, das guttut, das sich leicht und genießerisch anfühlt und dabei gleichzeitig ein bisschen anstrengend sein darf. Und wir wollen dazu aufrufen, dass du dir gegenüber tolerant bist. Dass du dir erlaubst, das zu tun, was dir wirklich Freude macht – egal wie »in« oder »uncool« es ist. In deinem Leben gibt es bestimmt schon viel, das dir guttut. Mach dir bewusst, was das ist. Dafür möchten wir dich zu einer Übung anregen.

Anregung: Mein Happy Tun

Diese Übungsanleitung ist wie ein Meditationstext verfasst, der dich in einen angenehmen Zustand versetzen soll. Er soll dir dabei helfen, zu dir zu kommen und dir darüber klar zu werden, was du gerne tust. Du kannst dir den Text einfach durchlesen, dir die Abfolge ungefähr merken und die Übung anschließend machen oder die Anleitung auf dein Smartphone sprechen und dann abspielen – ganz wie du magst! Natürlich kannst du über die Fragen, die in dem Meditationstext vorkommen, auch vorher nachdenken und dir Notizen dazu machen.

Setze oder lege dich an einen ruhigen Ort, an dem du dich wohlfühlst. Sorge dafür, dass du nicht gestört werden kannst. Schließe deine Augen. Jetzt nimm ein paar tiefe Atemzüge.

Mit jedem Einatmen nimmst du auf, was dir guttut.

Bei jedem Ausatmen lässt du los, was du nicht mehr brauchst.
Lass deinen Atem ruhig weiterfließen.
Und jetzt stell dir vor, du hast eine riesengroße Leinwand vor dir.
Vielleicht sitzt du im Kino.
Vielleicht auf einer großen Wiese.
Vielleicht ist deine Leinwand am Himmel angebracht.
Auf dieser Leinwand siehst du jetzt dich.
Dich an einem durchschnittlichen Tag.
Dich in einer durchschnittlichen Woche.
An diesem Tag stehst du auf.

Wie geht es dann weiter?

Was siehst du?
Welche Dinge tust du, die gut für dich sind?
Die du gerne machst.

Die dir Freude bereiten.
Was macht dir wirklich Spaß?
Betrachte diese Dinge in Ruhe.

Und jetzt gehe weiter zurück in deinem Leben.

Sieh dir die vergangenen fünf Jahre genauer an – was waren die Aktivitäten, die dir Freude gemacht haben?
Bei denen du gedacht hast: »Oh ja, davon will ich mehr haben!«
Oder von denen du dir gedacht hast: »Dafür sollte ich mir öfter Zeit nehmen.«

Jetzt geh noch weiter zurück in deine Jugend.

Was waren die Aktivitäten, die dir in deiner Jugend Spaß gemacht haben?
Für die du dich als erwachsener Mensch vielleicht zu alt gefühlt hast oder gedacht hast, sie würden nicht mehr zu dir passen.

Und jetzt geh noch weiter zurück – in deine Kindheit.

Was hast du als Kind gerne getan?
Woran hattest du die größte Freude?
Was hat dir so richtig Spaß gemacht?
Womit konntest du dich stundenlang beschäftigen?
Sieh dir ein Weilchen dabei zu, wie du als Kind aktiv und lebendig bist.

Komm jetzt langsam wieder ins Heute.
Welche Aktivitäten haben heute Platz in deinem Leben?
Wobei fühlst du dich so richtig lebendig?
Nimm wahr, wie viel Gutes da ist.
Freu dich über alle Aktivitäten, die du in deinem Leben hast.
Sei dankbar dafür, dass du sie ausüben kannst.
Sei stolz auf dich, dass du dir dafür Zeit nimmst.
Lobe dich ruhig dafür, was du für dich tust.

Und jetzt nimm wieder ein paar tiefe Atemzüge.
Streck dich, wenn du magst. Mach dich ganz groß.
Und dann komm erholt und frisch zurück ins Hier und Jetzt.

Du bist bestimmt fündig geworden. Toll! Natürlich machst du schon viel. Und es ist gut, das wertzuschätzen. Schreibe die Aktivitäten auf, an die du dich gerade erinnert hast – auch die, mit denen du schon zufrieden bist, selbst wenn es Kleinigkeiten sind. Man muss nicht reparieren, was schon gut funktioniert, sondern kann es ruhig würdigen.

Finde außerdem heraus, was deine größten Erfolge der letzten zehn Jahre gemeinsam haben – welche freudvollen Elemente sie haben –, denn dabei kannst du noch stärker den Aktivitäten, die dir entsprechen, auf die Spur kommen.

Anregung: Da habe ich mich erfolgreich gefühlt

Setze oder lege dich an einen ruhigen Ort, an dem du dich wohlfühlst. Sorge dafür, dass du nicht gestört werden kannst. Schließe deine Augen. Jetzt nimm ein paar tiefe Atemzüge.

Mit jedem Einatmen nimmst du auf, was dir guttut.
Bei jedem Ausatmen lässt du los, was du nicht mehr brauchst.
Lass deinen Atem ruhig fließen.
Und jetzt stell dir vor, du hast eine große Leinwand vor dir.
Vielleicht sitzt du im Kino.
Vielleicht auf einer großen Wiese.
Vielleicht ist deine Leinwand am Himmel angebracht.
Auf dieser Leinwand siehst du jetzt dich.
So wie du heute im Leben stehst.
Aber du spulst zurück zu deinem bisher größten Erfolg.
Worauf warst du da besonders stolz?
Wie hat sich das angefühlt?
Was daran hat dir Freude gemacht?
Spür dich ganz hinein in dieses Erfolgsgefühl.
Nimm dieses Gefühl mit und geh noch ein Stück weiter zurück.

Du lässt die vergangenen zehn Jahre deines Lebens Revue passieren und betrachtest deine drei größten Triumphe.
Worin warst du richtig gut?
Wie haben sich diese drei Erfolge angefühlt?
Sieh sie dir in Ruhe an.
Fühl dich noch einmal hinein.
Erkennst du, was die drei gemeinsam haben?
Was war es, das dir daran so viel Freude gemacht hat?

Jetzt komm langsam wieder zurück ins Heute.
Nimm den Stolz und das gute Gefühl von damals mit und vergiss nicht, dich zu erinnern, was an deinen Erfolgen so freudvoll für dich war.

> Sei dankbar dafür, dass du schon so viel Großartiges geschafft hast.
> Und jetzt nimm wieder ein paar tiefe Atemzüge.
> Streck dich, wenn du magst.
> Rekle dich.
> Und dann komm erholt und frisch zurück ins Hier und Jetzt.

Hast du die Freude entdeckt? Wir sind sicher, dass du sie finden konntest. Jetzt kannst du noch einen Schritt weitergehen: Gibt es zusätzlich noch etwas, das du gerne in dein Leben, in deinen Alltag integrieren würdest, weil es dir Freude macht? Etwas, das dich erfolgreich gemacht hat oder etwas, das dir als Kind Spaß gemacht hat? Vielleicht auch etwas, das du nicht mehr tust, weil dir dafür niemand Anerkennung schenkt?

Um noch einmal gut ins Überlegen zu kommen, schlagen wir dir vorher noch eine Schreibübung vor, die sich »das Automatische Schreiben« nennt oder auch als »Freewriting« bekannt ist. Wir wenden sie selbst immer wieder an.

Anregung: Was tue ich gerne?

Nimm dir Stift und Papier und stell dir dann einen Wecker für zehn Minuten. Beim Automatischen Schreiben geht es darum, alles zu notieren, was dir in den Sinn kommt. Das müssen keine ganzen Sätze sein. Schreib einfach alles auf, woran du denkst. Wenn du merkst, dass der Kugelschreiber schlecht schreibt, dann schreib das auf. Wenn du merkst, dass deine Gedanken schneller sind als deine Hand, dann schreib: »Meine Gedanken sind gerade schneller als meine Hand.« Das machst du für zehn Minuten ununterbrochen, denk nicht darüber nach, ob es Sinn ergibt, was du schreibst, es gibt kein Richtig oder Falsch, kein Gut und kein Schlecht. Schreib einfach auf, was in deinem Kopf ist und hebe den Stift nicht mehr vom Papier auf, sobald du angefangen hast zu schreiben. Bei dieser Art von Schreiben geht es nicht darum, einen tollen Text zu produzieren – es ist nur für dich.

Für dieses erste Mal nimm als Ausgangsthema bitte das Tun. Frag dich: Was tue ich gern? Was würde ich gerne öfter tun? Was macht mir Freude? Bevor du startest, gibt es hier noch ein kleines Beispiel für einen solchen Text – es geht um die Freude am Chorsingen:

“ *Seit so vielen Jahren sing ich schon im Chor und es macht mir so einen Spaß. Oder Freude. Ja, Freude würden jetzt einige sagen und mich zurechtweisen. Die meinen, Spaß wäre ein schlechteres Wort. Ich find beide gut. Hm. Beim Chorsingen war ich … ich hör eine Säge? Wo sägt da … Was mich noch immer wundert … und der Kühlschrank ist heut auch lauter als sonst … wurscht … was mich noch immer wundert ist, dass ich manchmal wirklich lieber auf der Couch liegen bleiben würde, anstatt zur Probe zu gehen. Heißt das anstatt oder als zur Probe zu gehen … Und dort ist es dann eh immer so großartig. So viel Power, so viele Leute, so viel Energie, dass ich dann immer weiß, warum ich aufgestanden bin. Von meiner gemütlichen Couch … nach so einem anstrengenden Tag im Büro … wenn sie so laut sind in diesem Großraum, dann glaub ich manchmal, ich brauch meine Ruhe am Abend … und dabei ist das Singen schon besser … wär's nur nicht so gemütlich auf meiner Couch … irgendwie sind meine Hände gerade langsamer beim Schreiben als meine Gedanken … in Gedanken bin ich schon bei den Konzerten … auch dann weiß man, warum man das macht … Textlernen und Choreografien üben …*

Deine Frage für deinen Text lautet: Was tue ich gern? Was würde ich gerne öfter tun? Alarm gestellt? Los!

Anregung: Dialog mit dem Inneren Coach

Hast du neue Erkenntnisse gewonnen? Gut! Wir stellen dir an dieser Stelle noch eine weitere Übung vor, die wir toll und hilfreich finden: den Dialog mit deinem Inneren Coach.

Vielleicht hast du dich in diesem Buch bereits gefragt, wann du das alles umsetzen sollst. Wie du bei allem, was du um die Ohren hast, auch noch Zeit für scheinbar sinnlose Aktivitäten haben sollst. Um das herauszufinden, nimm bitte Stift und Papier und stell deinen Alarm auf zehn oder fünfzehn Minuten. Schreibe einen Dialog mit deinem Inneren Coach – das kann deine beste Freundin, eine alte Ratgeberin oder ein Weiser in dir sein. Es sollte auf jeden Fall jemand sein, der es gut mit dir meint. Sprich mit ihm oder ihr darüber, wie du es hinkriegen könntest, dir Zeit für freudvolle Aktivitäten zu nehmen. Stell deinem Coach Fragen und schreib seine Antworten auf, frag weiter und schreib wieder seine Antwort nieder.

So ein innerer Dialog mit dir kann dir übrigens auch bei anderen Fragen Klarheit bringen. Du kannst diese Übung – wenn du sie magst –, immer dann anwenden, wenn du dir wo unsicher bist oder eine wichtige Entscheidung treffen musst. So ein innerer Dialog kann zum Beispiel so aussehen:

“ *Hey, Innerer Coach, wie krieg ich das hin, regelmäßig zum Yoga zu gehen?*

Hast du schon ein Studio, einen Lehrer oder eine Lehrerin gefunden, wo du dich wohlfühlst? Das würde ich als ersten Schritt sehen.

Naja, ich hab eine Empfehlung bekommen und wollte mir in den kommenden Tagen ein neues Studio ansehen.

Gut, liegt es so, dass du gut hin- und wieder nach Hause kommst? Du wirst sehen, wenn es nicht kompliziert zu erreichen ist, wirst du eher hingehen. Und kennst du jemanden, der da auch hingeht? Warum verabredest du dich nicht mit dieser Person und ihr geht gemeinsam?

Hm, ja, das ist eigentlich eine gute Idee. Aber wenn ich es auf meiner Couch gemütlicher finde?

Dann stell dir vor, wie gut es dir danach geht. Wie sich dein Körper anfühlt, wenn du dort gewesen bist.

Nun kannst du dir hoffentlich etwas unter dem Dialog vorstellen. Viel Spaß beim Gespräch mit deinem Inneren Coach!

Wir glauben, dein Kopf ist jetzt frei genug, um dir über deine ersten persönlichen Vorhaben Gedanken machen zu können. Denk über einen ersten Verordnungsvorschlag für dich nach, stelle dir ein Inneres Parlament zusammen und berufe es zu einer Sitzung ein. Lass es überlegen, was du dir gerne verordnen würdest. Bleib dabei liebevoll mit dir selbst – es geht schließlich um dein Bestes! Schreibe dann auf, worauf du dich mit dir geeinigt hast, und in welchem Zeitraum du das gerne ausprobieren möchtest.

Sitzung des Inneren Parlaments

- *Tagesordnungspunkt:* Festlegen eines Verordnungsvorschlages für mehr freudvolle Aktivitäten im Alltag.
- *Anwesend:* die Innere Vernunft, das Innere Bauchgefühl, die Innere Pessimistin, die Innere Optimistin, die Inneren Minderheitenvertreter, der Innere Verhinderer, der Innere Antrieb, der Innere Kreative;

- *Fragestellung:*
  - Welche Aktivitäten möchte ich in den kommenden zwei Wochen (du kannst auch einen anderen Zeitraum für dich wählen) ausüben, die mir Freude machen?
  - Welche Aktivitäten – zum Beispiel aus meiner Kindheit – möchte ich noch einmal ausprobieren, um herauszufinden, ob sie mir auch heute noch Spaß machen?

Jetzt lass dein Inneres Parlament diskutieren – schreib dir seine Argumente auf, hör dir an, was deine inneren Stimmen zu sagen haben. Und dann lege fest (entweder gleich hier oder du führst ein eigenes Happy-Ethik-Buch oder -Heft), was du dir verordnest:

“ *Ich verordne mir für den Zeitraum von zwei Wochen (oder einen anderen beliebigen Zeitraum) folgende Aktivitäten, die mir Freude machen, auszuüben:*

Du und dein Körper, ihr gehört zusammen

Wenn du von Haus aus ein sportlicher Mensch bist und dir etwas fehlt, wenn du keine Bewegung machst, dann beneiden Tobias und ich dich ein bisschen. Uns geht es nämlich leider nicht immer so. Sei froh und dankbar für diesen Umstand, denn Bewegung ist ein ganz wichtiger Faktor für die Gesundheit – die körperliche wie die psychische. Du hast das bestimmt alles schon einmal gehört. Jedes Kind weiß, dass Bewegung gut für uns ist. Und wir wissen, dass es in Punkto Sport manchmal die schnöde Vernunft und weniger den Genuss braucht, um ihn in den Alltag zu integrieren.

Dass Sport das Risiko für Herzkreislauf-Erkrankungen senken, Infekten vorbeugen sowie das Schlaganfall- und

Krebsrisiko minimieren kann, ist dir bestimmt klar. Inzwischen weiß man auch, dass das Körpergewicht wenig über die Fitness aussagt – also leicht übergewichtige Menschen nicht ungesünder sein müssen als schlanke und schlanke nicht automatisch gesünder als fülligere. Mit dem Schlanksein allein ist es also nicht getan. Trotzdem versuchen viele verbissen, dem gängigen Schönheitsideal zu entsprechen. Wenn es um den Körper geht, dann erlebt Tobias viele KlientInnen, die sehr unzufrieden sind. Bei einigen von ihnen merkt er, dass sie im Geist gegen ihren Körper arbeiten, ihn schlechtmachen, kein gutes Verhältnis zu ihm haben. Sie sehen nicht gerne in den Spiegel und strafen sich dafür, wie sie aussehen. Ihren Körper machen sie so zu einem Objekt, als hätte er nichts mit ihnen zu tun. Aber wenn du im Kopf gegen deinen Körper arbeitest, dann hast du schon verloren, hat Tobias oft beobachtet. Sei nett mit dir, erkenne an, welche schönen Körperteile du hast, fokussiere dich eine Zeit lang darauf. Stell dich vor den Spiegel und führe einen positiven Dialog mit deinem Körper. Sag ihm, was du an ihm magst. Nimm ihn an, so wie er im Moment ist. Und frag ihn vielleicht, welche Art von Bewegung ihm gefallen könnte.
Noch immer geht es um das Thema Sport. Dass er einigen körperlichen Krankheiten vorbeugen kann, haben wir schon angesprochen. Eindeutige Ergebnisse liefert zum Beispiel eine aktuelle Studie der Goethe-Universität Frankfurt. Dort wurden sechzig TeilnehmerInnen zwischen fünfundsechzig und fünfundachtzig Jahren untersucht und es wurde festgestellt: Regelmäßiger Sport macht fitter und wirkt sich positiv auf den Gehirnstoffwechsel aus. Das Training führte dazu, dass die Cholinkonzentration im Gehirn der Sport machenden TeilnehmerInnen konstant blieb, während sie bei der Kontrollgruppe anstieg. Der Anstieg von Cholin deutet darauf hin, dass vermehrt Nervenzellen absterben, wie es etwa bei Alzheimer-Demenz passiert.

Eine andere Untersuchung an der Universität Koblenz-Landau hat gezeigt, dass man auch »Der Depression Beine machen« kann (so lautet der offizielle Titel des Programms). Dabei kam heraus, dass Lauftreffs genauso effektiv sein können wie Antidepressiva. Dafür motivierte man über einen längeren Zeitraum Menschen mit depressiven Störungen oder Verstimmungen, einmal in der Woche in der Gruppe laufen zu gehen. Im Durchschnitt nahmen die TeilnehmerInnen an siebzehn Lauftreffs teil. Sie wurden davor und danach zu ihrer körperlichen Befindlichkeit, ihrem Gefühlszustand, ihrer Depressivität und ihrer Selbstwirksamkeit befragt. Bei der Schlussbefragung zeigte sich, dass sich in allen Bereichen Verbesserungen eingestellt hatten. Das ist eine bedeutsame Entdeckung, schließlich liegt die Wahrscheinlichkeit, im Laufe des Lebens mindestens eine behandlungsbedürftige Depression zu entwickeln, weltweit zwischen 16 und 20 Prozent.

Und noch ein neues, triftiges Argument gibt es für mehr Bewegung: Wir scheinen auch unseren Lebensstil an unsere nachfolgenden Generationen weiterzuvererben. Wenn es um Bewegung und Übergewicht geht, dann hat das eine gewisse Tragweite – und zwar nicht nur für uns selbst, sondern auch für unsere (möglichen) Kinder und Enkelkinder. Einige Experimente aus der Epigenetik sprechen dafür, dass wir Stoffwechselkrankheiten wie krankhaftes Übergewicht an die nachfolgenden Generationen vererben. In einer Zeit, in der wir viel sitzen und uns wenig bewegen, könnte das fatale Auswirkungen haben. Wer also heute beschließt, sich mehr zu bewegen, der handelt nicht nur ethisch sich selbst, sondern auch seinen Nachkommen gegenüber. Denn während leichtes Übergewicht der Gesundheit nicht schaden muss, ist das bei krankhaftem Übergewicht anders.

Ich gehöre leider nicht zu den von Haus aus Sportbegeisterten. Ich mag Zumba ganz gern – obwohl es inzwischen nicht mehr »cool« ist – und Yoga auch. Ich bemühe mich, regelmäßig Sport zu machen, ich habe es mir quasi verordnet.

Schließlich gibt es gute Argumente dafür, richtig? Was ich noch immer dabei tun muss: mich selbst austricksen, sonst sind andere Impulse schnell stärker, als der Drang, mich zu bewegen.

Bei meiner Yogalehrerin ist es zum Beispiel so, dass ich mich vorher anmelden muss. Ich schreib also in der Früh eine SMS, dass ich kommen werde und dann geh ich am Abend auch wirklich hin. Die Zumbastunde habe ich fest in meine Wochenplanung aufgenommen und sehe sie tatsächlich als Pflichttermin. Also lasse ich sie nicht einfach so ausfallen, weil eine andere Verabredung in meinen Augen vielleicht angenehmer wäre.

Bei Tobias ist es ähnlich, seine Motivation, Sport zu machen, ist vernunftgetrieben. Schon als Kind hat es ihn abgeschreckt, dass Sport oft etwas mit Sieg und Niederlage zu tun hatte. Aber er ist eisern und bleibt dran, weil er weiß, wie wichtig Bewegung ist und wie gut er sich danach fühlt. Er fährt gerne mit dem Rad, geht regelmäßig laufen oder schwimmen. Am liebsten sind ihm aber lange Strandspaziergänge oder ausgiebige Bergtouren.

Wir sind damit übrigens nicht allein! Kürzlich wurde eine Umfrage veröffentlicht, die von einer großen Sportartikelfirma in Auftrag gegeben wurde. Sie hat gezeigt, dass die Gründe, Sport zu machen, bei vielen vernunftgetrieben sind – bei Frauen noch stärker als bei Männern. Es geben mehr Männer als Frauen an, dass sie Sport aus Spaß machen. Bei den Frauen kommt der Spaß als Motivation erst nach anderen Punkten – sie wollen sich in erster Linie fit halten, weil es gesund ist und eine bessere Figur macht. Und wenn es funktioniert zu sporteln, weil man es für wichtig und gut hält, dann ist das völlig in Ordnung. Vielleicht schöpft man aus dem guten Gefühl danach – auch wenn man »nur« stolz auf sich ist, Sport gemacht zu haben – die Motivation fürs nächste Mal.

Tobias und ich mussten uns den Sport verordnen. Deshalb denken wir, bei der nächsten Sitzungsrunde solltest du dir überlegen, wie du in Zukunft in deinem Leben mit dem Thema Bewegung umgehen willst. Was du beim Verhandeln miteinbeziehen kannst, sind auch folgende Überlegungen: Fällt es dir leichter, dich zu bewegen, wenn du zu einem fixen Kurs gehst oder dich zum Sport verabredest? Dann verordne dir das gleich mit. Oder gehörst du zu denen, die aus jeder Sporteinheit einen Wettkampf machen? Vielleicht darfst du dir dann mehr Leichtigkeit verordnen. Lass uns aber vorher noch ein anderes Thema ansprechen, das deinen Körper betrifft.

Dem Körper einen Stupser geben

Das Schöne ist, dass du mit deinem Körper mehr Gutes tun kannst, als ihn zu bewegen. Dein Körper und deine Psyche hängen nämlich eng zusammen. Du kannst dich beispielsweise glücklich lächeln. Es ist deinem Gehirn egal, ob du lächelst, weil du einen Grund dazu hast oder lächelst, weil du es dir verordnet hast. Das Gehirn unterscheidet nicht und schüttet in beiden Fällen Glückshormone aus. Jeden Tag in der Früh beim Aufwachen drei Minuten zu lächeln, kann dir also einen angenehmen Start in den Tag bescheren.

Amy Cuddy, eine amerikanische Sozialpsychologin, hat außerdem herausgefunden, dass deine Körpersprache mitbeeinflusst, wer und wie du bist. Während die Körpersprache lange dazu diente, zu erkennen, wie jemand anderer ist, was er oder sie empfindet oder selbst zu signalisieren, wie es einem geht, weiß man heute: Deine Körpersprache wirkt sich auch auf dich aus. Machst du dich zum Beispiel oft klein, indem du die Schultern nach vorne und innen ziehst und mit überkreuzten Beinen dasitzt? Überleg einmal, wie sich diese Körperhaltung anfühlt – wahrscheinlich nicht besonders mächtig und selbstbewusst. Stell dir im Gegensatz dazu vor, du würdest dich öfter großmachen und mehr Raum einnehmen. Was würde das verändern? Amy Cuddy beobachtete das an ihren Studierenden. Vor allem junge Frauen waren in ihrer Körperhaltung oft schüchtern, machten sich klein und wenn sie aufzeigten, um sich zu Wort zu melden, dann hoben sie den Arm nur zaghaft. Der Notenschnitt ihrer Studentinnen war tatsächlich schlechter als der der männlichen, weil Präsenz und Mitarbeit in den Seminaren fünfzig Prozent der Note ausmachten. Die männlichen Studenten saßen ganz anders im Unterricht. Sie brauchten oft viel Platz und streckten bei Wortmeldungen selbstbewusst den Arm in die Höhe – sie machten sich groß. Was Amy Cuddy also wissen wollte, war: Wenn sich das Bewusstsein auf die Körperhaltung auswirkt, funktioniert das auch in die andere Richtung? Also: Kann man über das Ändern seiner Körperhaltung (sich großmachen) sein Bewusstsein (sich selbstbewusster fühlen) beeinflussen?

Ja! Sie hat herausgefunden, dass das möglich ist. Für ein Experiment – die TeilnehmerInnen sollten sich einem Vorstellungsgespräch stellen – wies sie eine Gruppe dazu an, zwei Minuten lang vor dem Gespräch eine Siegerpose einzunehmen. Sie konnten zum Beispiel die Arme in die Höhe reißen und sie wie in einem V nach oben ausstrecken – so wie SportlerInnen das automatisch tun, wenn sie ein Match gewinnen oder durch ein Ziel kommen – oder die Arme in die Hüften stemmen. Die anderen TeilnehmerInnen bekamen diese Anweisung nicht. Die Gespräche wurden dann auf Video aufgezeichnet und später PersonalerInnen gezeigt, die nichts über den Ablauf des Experiments wussten und nur beurteilen sollten, wen sie einstellen würden. Das Ergebnis war eindeutig und bestätigte Cuddys Hypothese: Auf die PersonalerInnen wirkten diejenigen KandidatInnen weitaus besser, selbstsicherer und kompetenter, die zuvor die Siegerpose eingenommen hatten – unabhängig von ihrer Qualifikation.

Die Art wie du dich fühlst und über dich denkst, kannst

du also mit deiner Körpersprache beeinflussen. Amy Cuddy nennt das Body-Mind-Effekte und sie regt dazu an, seinem Körper manchmal einen Stupser zu geben. Wenn du nur für zwei Minuten eine Siegerpose einnimmst, strahlst du mehr Selbstbewusstsein aus und fühlst dich mächtiger – gleichzeitig wirkst du dadurch kompetenter und optimistischer.

Meistens haben mächtige Personen einen hohen Testosteron- und einen niedrigen Cortisolspiegel (Cortisol ist das Hormon, das bei Stress ausgeschüttet wird) – das heißt, sie können sich nicht nur gut durchsetzen, sondern oft auch gut mit Stress umgehen. Amy Cuddy hat bei ihren Experimenten gezeigt, dass schon zwei Minuten Machtpose-Einnehmen ausreichen, um das Gehirn messbar (über den Testosteron- und Cortisolspiegel) umzugestalten und das Bewusstsein zu verändern. Ihr Ratschlag ist, so zu tun (durch das Einnehmen der Pose), als wäre man schon selbstbewusst, bis man es ist – im Coaching als »Fake it until you make it« gängig. Vor wichtigen Terminen hilft es, im Fahrstuhl, im Waschraum oder im Warteraum für zwei Minuten eine Siegerpose einzunehmen, also zum Beispiel die Hände in die Hüften zu stemmen und sich groß zu machen. Du kannst es auch jeden Tag in der Früh zu deinem Morgenritual machen.

Nach einer kleinen Anregung wird es Zeit, dein Inneres Parlament zu fragen, wie du das in Zukunft handhaben willst.

Anregung: Mein Körper und ich

Für mehr Klarheit versuch es noch einmal mit dem Automatischen Schreiben. Denk als Ausgangsthema an dich und deinen Körper. Jetzt stell deinen Timer auf zehn Minuten und schreib los. Was machen du und dein Körper gut?

Sitzung des Inneren Parlaments

- *Tagesordnungspunkt:* Festlegen eines Verordnungsvorschlages für einen guten Umgang mit meinem Körper.
- *Anwesend:* das Innere Sportministerium, das Innere Gesundheitsministerium, der Innere Coach, die Innere Unlust, die Innere Vernunft, das Innere Bauchgefühl, der Innere Selbstwert;
- *Fragestellung:*
  - Welche Art von Bewegung kann ich so in meinen Alltag integrieren, dass ich sie auch langfristig machen möchte?
  - Wie kann ich möglichst tolerant mir selbst gegenüber sein und auch nett zu mir bleiben, wenn ich es doch einmal nicht schaffe, mich genug zu bewegen?
  - Welche Body-Mind-Effekte integriere ich wie in meinen Alltag, um selbstbewusster zu werden?

Lass dein Inneren RatgeberInnen miteinander diskutieren – was haben sie diesmal zu sagen? Zu welchen Schlüssen und Beschlüssen kommt die Sitzungsrunde?

“ *Ich verordne mir für den Zeitraum von zwei Wochen (oder einen anderen beliebigen Zeitraum), folgende sportliche Aktivitäten auszuüben, und sie folgendermaßen in meinen Alltag zu integrieren:*

Alles mit Maß und Ziel tun

Ethisch sein heißt für uns zuerst einmal: gut zu sich selbst sein. Und dazu gehört auch, dass du für dich das richtige Maß an Aktivität und Erholung findest. Dass Stress ausschließlich schlecht ist, ist ein Mythos – in einem sehr geringen Maß kann er gut sein, weil er dich in einen optimalen Leistungszustand versetzt – so wie Neid manchmal hilfreich sein kann, wenn er dich aktiviert und motiviert. Aber wenn du zu viel davon hast – und das kann in unserer Gesellschaft schnell passieren – dann kann dir Stress schaden.

Nicht umsonst sieht die WHO Stress als eine der größten Gesundheitsgefahren des 21. Jahrhunderts. Er kann traurig und vergesslich machen, zu Arterienverkalkung führen oder Asthma, Fettsucht und Diabetes begünstigen, Magen-Darm-Erkrankungen verursachen, Herz-Kreislauferkrankungen beschleunigen (und die sind in unserer Gesellschaft Todesursache Nummer eins) und einiges mehr. In vielen Ländern der EU sind rund die Hälfte der Arbeitsausfälle auf stressbedingte Erkrankungen zurückzuführen und in Japan hat das Phänomen, dass überarbeitete Menschen leblos zusammensacken, sogar einen eigenen Namen: »Karoshi« – Tod durch Überarbeitung. Der Körper reagiert unweigerlich auf Stress – der Mund wird trockener, der Herzschlag schneller, der Blutdruck höher, der Atem beschleunigt und die Muskelspannung erhöht sich, Libido und Verdauungstätigkeit werden gehemmt, die Gerinnungsfähigkeit des Blutes erhöht. Bist du über einen längeren Zeitraum Stress ausgesetzt, dann kann er zu ernsthaften Erkrankungen führen. Stress bedeutet, dass verschiedene Hormone ausgeschüttet werden, um dich für Kampf oder Flucht bereit zu machen. Vor sehr langer Zeit war das für unser Überleben wichtig und sinnvoll. Bist du heutzutage gestresst, schränkt das deinen Blick für Lösungen ein und schadet deinem Körper.

Vielleicht kannst du aber auch richtig gut mit Belastungen umgehen und fühlst dich nicht schnell gestresst. Komm dir ein bisschen auf die Spur und untersuche, wie es um deine Stresskompetenz steht – die laut dem Psychotherapeuten Gert Kaluza aus folgenden drei Säulen besteht:

- *Instrumentelle Stresskompetenz*
  - Da geht es darum, wie gut es dir gelingt, Belastungen und Anforderungen von außen zu verringern, zu verändern oder abzubauen, um deinen Alltag möglichst stressfrei bewältigen zu können.

- Wie gut kannst du das?
- Setzt du zum Beispiel Grenzen, sprichst du aus, was für dich machbar ist und was nicht, delegierst du Aufgaben, nimmst du Unterstützung an, eignest du dir neue Problemlösungskompetenzen an?

- *Mentale Stresskompetenz*
  - Da geht es darum, herauszufinden, mit welchen deiner Einstellungen, Ansprüche oder Denkweisen du dich selbst unter Druck setzt.
  - Wie gut kannst du das?
  - Hältst du es aus, nicht allzu perfektionistisch zu sein, klärst du für dich ab, inwieweit du Aufgaben gegenüber mehr innere Distanz wahren könntest, versuchst du, die Realität anzuerkennen, dich auf das Positive zu fokussieren oder dich selbst weniger wichtig zu nehmen?
- *Regenerative Stresskompetenz*
  - Da geht es darum, dir ausreichend Erholungsphasen zu schaffen.
  - Wie gut kannst du das?
  - Nimmst du dir zum Beispiel Zeit, dich regelmäßig zu bewegen, ausreichend zu schlafen, freudvollen Aktivitäten nachzugehen und in deinen Tag genügend Pausen einzuplanen?

Anregung: Mein Stress und ich

Um dir darüber klar werden zu können, nimm einen Stift und dein Notizbuch oder einen Block zur Hand und versuche dich an einer Runde »Automatisches Schreiben« zum Thema »Stress«. Komm ihm auf die Schliche! Welche Gedanken hast du dazu? An welche Situationen erinnerst du dich? Was hat das mit dir gemacht? Schreib einfach ohne abzusetzen zehn Minuten lang auf, was dir in den Sinn kommt.

Hast du belastende Situationen oder Momente entdeckt? Tobias und ich wollen dir nun einige Übungen vorstellen, mit denen du dich entspannen kannst und die du in deinen Alltag einbauen kannst. Solche Übungen wie die folgenden werden auch in Achtsamkeitskursen gelehrt. Jon Kabat-Zinn zum Beispiel entwickelte ein achtwöchiges Kursprogramm – »Mindfulness Based Stress Reduction« (MBSR) – das auch bei uns angeboten und zunehmend in Kliniken eingesetzt wird. Das Schöne an diesen Übungen ist: Sie gehen ganz einfach, schnell und lassen sich nebenbei machen.

Anregung: Den Atem beobachten

Auch wenn dir die Übung auf den ersten Blick vielleicht banal vorkommt – sie kann enorme Auswirkungen haben, wenn du sie regelmäßig machst.

Es geht darum, deinen Atem zu beobachten. Also nimm dir jeden Tag – zum Beispiel in der Früh – zehn Minuten Zeit, um das zu tun. Wenn du magst, kannst du dir dafür einen Alarm stellen. Dann setze dich bequem hin und achte darauf, dass du nicht gestört wirst.

Schließe deine Augen.

Und jetzt beobachte deinen Atem.
Wie er kommt.
Wie er geht.
Beobachte, wie sich deine Bauchdecke beim Einatmen hebt.
Und beim Ausatmen senkt.
Nimm wahr, wo in deinem Körper dein Atem fließt.
Beobachte, wie er kommt.
Und wie er geht.

Anfangs werden deine Gedanken dabei wahrscheinlich abschweifen. Dann versuche, sie gehen zu lassen – so, als würdest du sie in Wolken setzen und am Himmel davonziehen lassen.

Kehre wieder zurück zu deinem Atem.
Und beobachte, wie er kommt.
Wo in deinem Körper spürst du das?
Und wie er geht.
Wie genau fühlt sich das in deinem Körper an?

Übe das weiter für die kommenden Minuten. Dann atme mehrmals tief ein und aus, strecke dich und komm langsam zurück ins Hier und Jetzt.

Anregung: Die Mini-Auszeit zum Wahrnehmen

Nimm dir mehrmals täglich ein paar Minuten Zeit. Drück vielleicht kurz eine persönliche, innere Stopptaste und nimm dich für ganz kurze Zeit aus dem Alltag raus. Vielleicht beim Zähneputzen. Vielleicht in der Kaffeepause. Vielleicht während du auf etwas wartest. Und dann beobachte, was du wahrnimmst, denkst und empfindest. Atme dabei ganz entspannt. Vervollständige für dich dann Sätze wie:

- Im Augenblick denke ich …
- Im Augenblick empfinde ich …
- Im Augenblick beschäftigt mich …

Du atmest noch immer entspannt, richtig? Versuche, diese Übung mehrmals täglich zu machen.

Anregung: Schau, schau!

Nimm dir einen Gegenstand, der irgendwo in deiner Nähe ist. Nimm ihn in deine Hand und betrachte ihn genau. Welche Form hat er? Wie groß ist er? Wie ist seine Oberfläche beschaffen? Wie fühlt es sich an, ihn in der Hand zu haben? Nimm wahr, was du dabei denkst – bewerte und verdränge deine Gedanken nicht. Und konzentriere dich anschließend wieder auf den Gegenstand.

Wenn du magst, kannst du ihn jetzt auch beschreiben. Welche Worte passen zu ihm? Schreib auf, wie er sich anfühlt. Wo in deiner Hand spürst du ihn? Löst er irgendetwas in dir aus? Wenn ja, was? Halte schriftlich fest, welche Gedanken dir zu ihm kommen.

Anregung: Sammelfreuden

Geh spazieren und sammle dabei, was du gerne sammeln möchtest. Wenn du in den Wald gehst, sind das vielleicht Eicheln, Blätter oder kleine Zweige. Wenn du in der Stadt herumspazierst, kommen dir vielleicht hübsche Steine unter.

Wenn du wieder zu Hause bist, setz dich bequem hin und nimm Stück für Stück in die Hand, was du mitgenommen hast. Wie fühlen sich die Dinge an? Wie riechen sie? Versuch auch, die Augen zu schließen und zu erspüren, wie sie beschaffen sind.

Berufe nun dein Inneres Parlament ein, um zu diskutieren, welche dieser Übungen du dir verordnen möchtest – um in Zukunft weniger Stress zu haben, dich gut zu entspannen, deine Stresskompetenz zu erhöhen und deinen Alltag mehr zu genießen.

Sitzung des Inneren Parlaments

- *Tagesordnungspunkt:* Festlegen eines Verordnungsvorschlages für mehr Entspannung im Alltag und einen adäquaten Umgang mit Stress.
- *Anwesend:* das Innere Gewissen, die Innere Perfektionistin, die Innere Unlust, die Innere Vernunft, das Innere Bauchgefühl, die Innere Pessimistin, die Innere Optimistin, der Innere Verhinderer, der Innere Antrieb;
- *Fragestellung:*
  - Welche Art von Entspannungstechnik werde ich in den kommenden zwei Wochen ausüben?
  - Wie kann ich im Umgang mit Stress noch souveräner werden?

Lass deine Inneren RatgeberInnen wieder diskutieren – was sagen sie? Welche Dinge verordnen sie dir vorübergehend?

“ *Ich verordne mir für den Zeitraum von zwei Wochen (oder einen anderen beliebigen Zeitraum) folgende entspannende und stressreduzierende Dinge:*

2. Wir stärkt Ich

Wir sind nun einmal keine Insel

Im vorigen Teil ist es vor allem darum gegangen, welche Dinge du für dich tun kannst, um sie in deine Happy Ethik zu integrieren. Was du tust, steht aber ganz oft auch in Zusammenhang mit anderen Menschen. Schließlich sind wir soziale Wesen, die einander guttun – oder guttun sollten – und die einander brauchen. Deshalb lass uns von einem motivierenden Studienergebnis berichten: Du kannst deine eigene Laune enorm verbessern, indem du nett zu anderen bist – auch wenn du sehr gestresst oder frustriert bist. Das hat eine Untersuchung an der Yale University gezeigt. ForscherInnen haben dort für einen Zeitraum von drei Wochen siebenundsiebzig Erwachsene jeden Abend Fragen beantworten lassen. Und sie haben herausgefunden: Wer an dem Tag kleine gute Taten vorweisen konnte, dessen Stimmung war weit besser als die der anderen TeilnehmerInnen. Die Hilfsbereitschaft wirkte für Gestresste wie eine Art Puffer – möglicherweise weil man beim Nettsein für eine Weile von seinem eigenen Stress abgelenkt ist und das eigene System Zeit hat, sich ein bisschen zu erholen. Es schafft außerdem Nähe zu anderen und die Hormone, die dabei ausgeschüttet werden, senken den eigenen Stress. Es hat also positive Auswirkungen auf mehreren Ebenen. Bei den Nettigkeiten, von denen hier die Rede ist, geht es um kleine Dinge – wie das Aufhalten von Türen oder das Aufheben von hinuntergefallenen Sachen.

Tobias und ich leben in Wien und laut Umfragen unter Expats, ist das einerseits die lebenswerteste Stadt der Welt (2018), gleichzeitig aber auch eine der unfreundlichsten. Kein Wunder, sind die WienerInnen doch für ihren (charmanten, wie wir finden) Grant berühmt. Und in dieser – nach außen hin oft recht unfreundlichen – Stadt habe ich ein kleines privates Experiment durchgeführt. Ich bin bewusst noch freundlicher und hilfsbereiter durch die Straßen gegangen als sonst. Ich habe also die Lifttür immer aufgehalten, wenn sich jemand offensichtlich beeilt hat, noch mitzufahren. Oder habe die Frau mit der einen Milchpackung an der Kasse vorgelassen, wenn ich einen größeren Einkauf hatte. Gelegenheiten für solche Dinge gibt es jede Menge. Und mein Ergebnis war: Ich hatte angenehmere Tage als sonst, denn für jede dieser Kleinigkeiten habe ich ein überraschtes Lächeln und ein Danke bekommen. Dann musste ich auch lächeln – und das ist gut, weil dadurch Glückshormone ausgeschüttet werden. Was noch dazukommt: Lächeln ist ansteckend, das heißt je mehr Leute lächeln, desto mehr stecken sie damit an. Das hat mit Spiegelneuronen zu tun, die zum Beispiel dafür sorgen, dass wir gähnen müssen, wenn jemand anderer gähnt.

Humor als Gemeinschaftsklebstoff und Entstresser

Wenn wir schon beim Lächeln sind, lass uns hier auch über das Lachen und den Humor reden. Miteinander zu lachen ist eines der schönsten Dinge, die man gemeinsam tun kann. Und Humor ist ein ganz wichtiger Faktor, der das Leben sogar in unerträglichen Situationen leichter machen kann. WissenschaftlerInnen verweisen dabei gerne auf Viktor Frankl, den Entwickler der Logotherapie und Autor von »... trotzdem Ja zum Leben sagen«, der sich nicht einmal durch seine KZ-Erfahrungen seinen Humor nehmen ließ. Humor kann auch entstressen, erklärte mir Humorforscher Willibald Ruch von der Universität Zürich einmal in einem Interview. Wenn man nämlich die komische Seite einer Belastung sucht, erkennt und sich darauf fokussiert, lassen sich Stress und negative Gefühle zumindest reduzieren, manchmal sogar auflösen. Wichtig ist dabei, dass man dem auf die Spur kommt, was man selbst lustig findet und andere durch seine Witze nicht bloßstellt, sondern dafür sorgt, dass alle darüber lachen können. Tobias und ich wünschen uns, dass du dich von ganz viel Humor anstecken lässt. Das geht am besten gemeinsam mit anderen – schließlich kannst du dich auch nicht selbst kitzeln. Aber du kannst ins Kabarett gehen, du kannst mitlachen, wenn jemand neben dir lacht, dir Orte suchen, an denen viel gelacht wird, dich mit Menschen treffen, mit denen du leicht ins Lachen kommst, üben, dich selbst auf die Schaufel zu nehmen, üben, über deine kleinen Ticks und Fehlurteile zu schmunzeln, dir gemeinsam mit anderen Sendungen ansehen, die euch zum Lachen bringen. Dazu ein konkreter Übungsvorschlag.

Anregung: Die Lustigkeitssammlung

Nimm dir einen Kalender, ein kleines Heftchen, einen Bogen Papier, dein Smartphone oder was immer du möchtest, um ein kleines Humortagebuch zu führen. Jeden Abend schreibst du darin auf:

- Worüber habe ich heute gelacht?
- Welche lustigen Dinge sind heute passiert?

Schon bald wirst du merken, wie viel Humorvolles in deinem Leben ist.

Unter der Lachdusche stehen

Für einen Artikel zum Thema Humor habe ich einmal Lach-Yoga ausprobiert. Auch das ist eine – zugegeben anfangs etwas schräge – Variante, um ins Lachen zu kommen. Es geht dabei darum, einander so lange künstlich zum Lachen zu bringen, bis man wirklich aus vollem Herzen lachen muss. Lachen ohne Grund, rein um des Lachens Willen, das erschien mir zuerst absurd. Eine der ersten Übungen, die wir dabei gemacht haben, war das »Achterbahnfahren«. Dabei stellten wir TeilnehmerInnen uns dicht hintereinander auf, hörten auf das Kommando der Lach-Yoga-Trainerin und brüllten Ho-Ho-Ho oder Hi-Hi-Hi – das kostete wirklich Überwindung. Wir waren in einem Park und wahrscheinlich hätte nicht viel gefehlt und eine/r der PassantInnen hätte uns einweisen lassen – aber dann kam die »Lachdusche«. Ich stand dabei mit geschlossenen Augen da und die anderen gingen lachend an mir vorbei. Und bei all den unterschiedlichen Lachern ist es wirklich passiert: Ich wurde angesteckt und bin in ein echtes, herzliches Lachen gekommen. Das ist befreiend, denn während man lacht, kann man nicht denken. Und nach einer Einheit Lach-Yoga geht man grinsend durch die Welt und steckt schon wieder andere mit dem Lächeln an. Unseren Körpern ist eben völlig egal, ob wir wirklich einen Grund zum Lachen haben oder nicht, die Hormonausschüttung ist die gleiche.

Was Tobias und mir dabei noch wichtig ist: Bitte erlaube dir Lachen, Humor und Spaß öfter – alles darf Spaß machen, auch das, was du dir bisher verordnet hast. Es darf dir leichtfallen und lustig sein. Viel zu oft wurde uns eingetrichtert, wir müssen uns anstrengen und das Leben ernst nehmen. Es kann aber alles mit Spaß verbunden sein. Der hat unserer Meinung nach völlig zu Unrecht einen schlechten Ruf.

Leicht ins Lachen kommt man natürlich auch, wenn man Zeit mit seinen FreundInnen, der Partnerin oder dem Partner und der Familie verbringt – etwas mit ihnen unternimmt, einen Ausflug oder Sport macht, kocht, in der Blaskapelle spielt, ins Theater geht, zum Fußballmatch geht oder einen Tanzkurs besucht. Das tut gut, entspannt und lässt uns Belastungen leichter bewältigen. Ein gutes soziales Netz zu haben und sich dafür auch wirklich Zeit zu nehmen beeinflusst außerdem, wie geistig fit wir im Alter sind oder bleiben. Das hat schon vor einiger Zeit eine Studie der Max-Planck-Gesellschaft gezeigt. Sie hält eindeutig fest: Sozial aktiv zu sein und es auch im Alter zu bleiben, wirkt sich positiv auf den Geist aus.

Lass uns jetzt also ein weiteres Mal auf deine Leinwand blicken, damit du erkennen und anerkennen kannst, wie gut dein soziales Netz ist und was du alles mit Menschen, die dir wichtig sind, tust.

Anregung: Mein wohltuendes Wir

Setze oder lege dich bequem an einen ruhigen Ort, an dem du dich wohlfühlst. Sorge dafür, dass du nicht gestört werden kannst. Schließe deine Augen. Jetzt nimm ein paar tiefe Atemzüge.

Mit jedem Einatmen nimmst du auf, was dir guttut.
Bei jedem Ausatmen lässt du los, was du nicht mehr brauchst.
Lass deinen Atem ruhig weiterfließen.
Und jetzt stell dir vor, du hast eine riesengroße Leinwand vor dir.
Vielleicht sitzt du im Kino.
Vielleicht auf einer großen Wiese.
Vielleicht ist deine Leinwand am Himmel angebracht.
Auf dieser Leinwand siehst du jetzt dich.
Eine durchschnittliche Woche in deinem Leben.

Wen triffst du?
Wem begegnest du?
Mit wem verabredest du dich?
Was unternimmst du gemeinsam mit anderen?
Welche Fixpunkte in der Woche hast du, um gemeinsam mit Menschen, die dir wichtig sind, etwas zu tun?
Welche gemeinsamen Aktivitäten machen dir besonders viel Spaß?
Wer meldet sich bei dir? Bei wem meldest du dich?

Sieh dir alles in Ruhe an.

Sei dankbar für die Menschen, die du in deinem Leben hast. Nimm wahr, wie viel Gutes schon da ist.
Freu dich über alle gemeinsamen Aktivitäten, die ihr macht.
Und jetzt nimm wieder ein paar tiefe Atemzüge.
Streck dich, wenn du magst.
Und dann komm erholt und frisch wieder im Hier und Jetzt an.

Vielleicht hast du jetzt auch ein kleines bisschen gespürt, wie wichtig deine Familie, dein Partner, deine Partnerin und deine Freunde wirklich für dich sind. Und vielleicht magst du dir vornehmen, ihnen noch mehr Platz in deinem Alltag einzuräumen. Vielleicht hinterfragst du, ob es stimmt, dass du keine Zeit hast, wenn du sagst, du hättest keine. Oder vielleicht bist du einfach dankbar für die Situation, so wie sie ist.

Eine weitere Übung, mit der Tobias in seiner Praxis ausschließlich gute Erfahrungen gemacht hat – sie ist eine seiner Lieblingsübungen –, möchten wir dir ebenfalls vorstellen. Sie ist auf eine Paarbeziehung ausgerichtet, aber du kannst sie auch für andere Familienmitglieder oder FreundInnen anwenden.

Anregung: PartnerIn, GeschäftspartnerIn oder KundIn?

Für diese Übung nimm dir in einem Zeitraum von zwei Wochen vor, sie jeden Tag zu machen. Jedes Mal, wenn dein Partner/deine Partnerin oder du nach Hause kommt, dann behandle sie oder ihn für fünfzehn Minuten so, wie du deine wichtigste Geschäftspartnerin oder deinen wichtigsten Kunden behandeln würdest. Wie redest du mit ihr oder ihm? Wie unterstützt du sie oder ihn? Wie hörst du ihr oder ihm zu? Wie viel Aufmerksamkeit schenkst du diesem Menschen? Du wirst erstaunt sein, was das verändern wird.

Um dir bewusst darüber zu werden, wie du in dieser Situation mit deinem Gegenüber umgehst, beantworte an jedem Übungstag folgende drei Fragen und schreib dir auf, was du herausfindest:

- Wie gut gelingt es mir, mich fünfzehn Minuten auf diesen Menschen zu fokussieren (ohne aufs Handy zu sehen, die Post aufzumachen, den Geschirrspüler auszuräumen ...)?
- Wie verändert sich unsere Kommunikation dadurch? Reden wir anders miteinander? Drücke ich mich anders aus?
- Wie verändert diese Übung die Qualität unserer Beziehung?

Tobias schwört darauf. Eine Übung haben wir noch, die dich vielleicht ein bisschen nachdenklich machen wird. Es gibt inzwischen einige Bücher, die sich damit beschäftigen, was Sterbende am Ende ihres Lebens bewegt, was sie bereuen, was sie anders gemacht hätten. Dass sie sich zu wenig Freude gegönnt, zu viel gearbeitet und zu wenig Zeit mit den Menschen verbracht hätten, die ihnen wichtig waren – darin stimmen viele Befragte überein. Tobias hat in seiner Ordination ähnliche Erfahrungen gemacht. Deshalb versuche gerne unsere folgende Übung.

Anregung: Nachricht aus dem Pflegeheim

Die Vorstellung mag vielleicht ein bisschen komisch klingen, aber versuche dich in dein künftiges, älteres Ich hineinzuversetzen. Du bist alt und schreibst an dein jüngeres Ich – oder nimmst ihm mit dem Smartphone eine Nachricht oder ein Video auf. Was sagst du dir? Wie fühlst du dich als alter Mensch? Hast du dein Leben so gelebt, wie du es dir gewünscht hast? Hast du dir für die richtigen Dinge und Menschen Zeit genommen? Worauf bist du wirklich stolz? Was bereust du? Woran denkst du gerne zurück? Wofür bist du dankbar? Hast du vielleicht Ratschläge für dein jüngeres Ich?

Jetzt kennst du einige Übungen, die dir zu spannenden Erkenntnissen verhelfen können. Aber was davon verordnest du dir für einen längeren Zeitraum? Lass das in deinem Inneren Parlament bei einer nächsten Sitzung Thema sein.

Sitzung des Inneren Parlaments

- *Tagesordnungspunkt:* Festlegen eines Verordnungsvorschlages für mehr gemeinsame Aktivitäten und Zeit mit Menschen, die mir wichtig sind.
- *Anwesend:* das Innere Gewissen, die Innere Vernunft, das Innere Bauchgefühl, der Innere Faulpelz, die Innere Ausredenfinderin, die Stimme des Herzens;
- *Fragestellung:*
  - Wie oft möchte ich in den kommenden Wochen etwas mit lieben Menschen unternehmen? Und was?
  - Mit wem möchte ich mehr Zeit verbringen?
  - Auf welche Zeitfresser in meinem Alltag kann ich dafür verzichten?
  - Wie kann ich das Lachen besser in meinen Alltag integrieren und was bringt mich dazu, es mir zu erlauben?

Lass deine Inneren ParlamentarierInnen wieder diskutieren – was sagen sie? Welche Dinge verordnen sie dir vorübergehend?

“ *Ich verordne mir für den Zeitraum von zwei Wochen (oder einen anderen beliebigen Zeitraum) folgende Dinge in Bezug auf meine Beziehungen zu meinem Partner, meiner Partnerin, meinen Freunden, meiner Familie:*

3. Von fleißigen Bienen und unruhigen Hummeln

In der Arbeitswelt bleibt alles anders

Einen großen Teil unserer Zeit verbringen wir mit Arbeit. Wenn wir von Arbeit reden, dann möchten wir gerne auch die Menschen miteinbeziehen, die ihre Arbeit machen, ohne dabei Erwerbsarbeit nachzugehen – die, die sich in der Karenz um ein Kind kümmern, vorwiegend Haushalt und Familie managen oder in Pension sind und sich neue Aufgaben gesucht haben. Sie alle sind mitgemeint, auch wenn die Studien, die wir zitieren, auf die klassische Erwerbstätigkeit ausgerichtet sind und wir im Folgenden immer wieder vom »Arbeitsplatz« und der »Arbeitsstelle« reden werden.

Dass sich die Arbeit künftig nach dem Leben der Menschen richten müsse, sagt Ralph Bruder, Leiter des Instituts für Arbeitswissenschaft an der TU Darmstadt, und kommentiert damit die Ergebnisse einer Umfrage zur Arbeitszufriedenheit von über tausend befragten Deutschen. Sie wurden 2016 interviewt und im Jahr darauf neuerlich gebeten einzuschätzen, wie sich ihre Zufriedenheit im Laufe dieses Zeitraums verändert hat. Insgesamt sind die Befragten mit ihrer Arbeitssituation zufrieden – der wichtigste Faktor dafür war im Jahr 2016 das Gehalt und das ist auch 2017 wieder so. Am zweitwichtigsten ist den Befragten 2017 die

Selbstbestimmung – vor allem durch flexible Arbeitszeiten. Hier zeigt sich eine Verschiebung der Werte im Vergleich zum Jahr davor. Im Jahr 2016 hatten sich nur 25 Prozent der Befragten flexiblere Arbeitszeiten gewünscht, 2017 sind es 37,9 Prozent. Dazu möchten 78 Prozent mehr Privatleben haben, 66 Prozent sind nette KollegInnen wichtig und 57 Prozent wünschen sich mehr Anerkennung.
Wie wichtig es ist, sich über sein Arbeitsleben Gedanken zu machen, erlebt Tobias tagtäglich in seiner Arbeit als Präventiv- und Arbeitsmediziner. Denn in Zeiten, in denen ständig über die Anhebung des Pensionsantrittsalters gesprochen wird, lautet die Frage vor allem: Wie können wir lange arbeiten und dabei gesund bleiben – also im Idealfall auch mit achtzig noch fit und leistungsfähig sein? Dazu gibt es eine erstaunliche Untersuchung. Die Health and Retirement Study sagt nämlich: Wenn Menschen ein Jahr länger arbeiten, dann senken sie damit ihre Mortalitätsrate um rund 11 Prozent. Das ist erstaunlich und eine gute Nachricht für die, die beruflich ausleben können, was sie gerne tun. Gleichzeitig ist es ein spannender Indikator, sich zu fragen: Kann ich mir vorstellen, das, was ich jetzt tue, auch mit achtzig noch freudvoll zu tun?

Die Rede ist hier also von der Art von Arbeit, die wir mit Freude machen, der wir gerne nachgehen, die uns entspricht, die uns erfüllt, die wir sinnvoll finden. Tobias erzählt seinen PatientInnen dann gerne von ein paar Beispielen, die ihn beeindrucken und die inspirieren können:

Zum Beispiel von Carmen Herrera, einer Künstlerin, die über fünfzig Jahre lang gemalt hat und erst mit neunundachtzig ihr erstes Bild verkauft hat. Mit neunzig wurde die 1915-Geborene bekannt und inzwischen sind ihre Bilder beispielsweise in der Tate Gallery ausgestellt. Was Tobias an ihr so fasziniert: Sie ist drangeblieben und hat eisern ihre Leidenschaft ausgelebt.

Ein weiteres Beispiel ist Klaus Peymann, den Tobias als junger Mann kennengelernt hat – ein Theatermacher, der mit achtzig zwar offiziell seine Funktion als Leiter des Berliner Ensembles aufgegeben hat, aber gleichzeitig schon mitten in einem nächsten Regieprojekt steckte.

Eine für mich beeindruckende Frau ist Erika Freeman, geboren 1927. Als Mädchen musste die gebürtige Wienerin vor den Nazis in die USA fliehen, ihrer Tante war sie dort nicht besonders willkommen. Sie hat sich aber von keiner Widrigkeit beirren lassen und ist Psychoanalytikerin geworden – eine der bekanntesten der USA, die viele Berühmtheiten auf ihrer Couch hatte und hat. Mit ihren über neunzig Jahren jettet sie noch immer um die Welt und hat KlientInnen in New York, London, Wien und Israel. Auf die Frage, ob sie auch ans Aufhören denke, sagte sie zu mir: »Warum soll ich aufhören, etwas zu tun, das mir Freude macht, Sinn macht und anderen etwas bringt?«

Tobias fragt seine KlientInnen oder Gruppen in Firmen, mit denen er in seiner Funktion als Arbeits- und Präventivmediziner arbeitet, oft: Wofür lohnt es sich, älter zu werden? Wie kann man für sich die richtigen Prioritäten setzen? Wie sieht deine innere Werteskala in Bezug auf deine Arbeit aus? Was ist dir dabei wichtig? Geld? Wertschätzung? Dass sie dir leichtfällt? Dass sie dir Freude macht? Dass sie dir entspricht? Spüre nach und hol dazu noch einmal die Leinwand hervor.

Anregung: Bin ich richtig da, wo ich bin?

Setze oder lege dich an einen ruhigen Ort, an dem du dich wohlfühlst. Sorge dafür, dass du nicht gestört werden kannst. Schließe deine Augen. Jetzt nimm ein paar tiefe Atemzüge.

Mit jedem Einatmen nimmst du auf, was dir guttut.
Bei jedem Ausatmen lässt du los, was du nicht mehr brauchst.
Lass deinen Atem ruhig weiterfließen.
Und jetzt stell dir vor, du hast eine riesengroße Leinwand vor dir.
Vielleicht sitzt du im Kino.
Vielleicht auf einer großen Wiese.
Vielleicht ist deine Leinwand am Himmel angebracht.
Auf dieser Leinwand siehst du jetzt dich.
Eine durchschnittliche Arbeitswoche in deinem Leben.

Was tust du?
Wen triffst du?
Welche Aufgaben erfüllst du?
Welche davon machen dir Freude?
Welche Aufgaben erledigst du nur ungern?
Was magst du an deiner Arbeit?
Was magst du daran nicht?
Wie stellst du dir deinen idealen Arbeitsplatz vor?
Was macht dir wirklich Freude?
Wenn es nicht darum ginge, deinen Lebensunterhalt zu finanzieren – was würdest du dann tun?
Wie geht man an deinem Arbeitsplatz mit dir um?
Wie gehst du mit anderen um?
Was ist dir wichtig im Berufsalltag?
Sind es die KollegInnen? Die Arbeitszeiten? Das Geld? Dass deine Arbeit Sinn macht und dich erfüllt? Oder alles davon?

Schau dir alles ganz in Ruhe an. Spüre nach, was wirklich wichtig für dich ist, nicht das, wovon du glaubst, dass man es anerkennt.

Sei dankbar für deine Arbeitsstelle, auch wenn sich das eine oder andere noch verändern kann.
Nimm wahr, wie viel Gutes da ist.
Und jetzt nimm wieder ein paar tiefe Atemzüge.
Streck dich, wenn du magst.
Und dann komm erholt und frisch wieder im Hier und Jetzt an.

Wir wissen natürlich, dass das alles leicht gesagt ist. Nicht zu jedem Zeitpunkt im Leben hat man den Willen oder die Kraft, große Veränderungen umzusetzen. Und das muss auch gar nicht immer sein. Nicht immer will, muss und kann man auf der Stelle gehen und kündigen, wenn irgendetwas nicht passt. Oft bringt es schon etwas, seine Haltung oder seinen Blick zu verändern und sich auf die positiven Dinge zu fokussieren. Ganz nach dem Motto »Love it, change it, leave it« kann das Gehen und die komplette Veränderung der letzte Schritt sein, wenn es ihn überhaupt braucht.

Bei einer Entscheidungsfindung hilft auch das 10–10–10-Modell von Suzy Welch, das davon ausgeht, dass jede Wahl, die wir treffen, Auswirkungen hat – in zehn Tagen, zehn Monaten, zehn Jahren. Stehst du also vor einer wichtigen Entscheidung, kannst du dich fragen: Welche Konsequenzen hat sie in zehn Tagen? Was passiert in zehn Monaten, wenn ich mich so oder anders entscheide? Und welche Auswirkungen zieht meine Wahl in zehn Jahren nach sich?

Anregung: Wie sieht mein Berufsleben in zehn Tagen, zehn Monaten, zehn Jahren aus?

Jetzt ist ein guter Augenblick, um ins Automatische Schreiben zu kommen. Denn wir glauben, es tut dir gut, über deine beruflichen Visionen die Gedanken fließen zu lassen. Schnapp dir Papier und Stift, stell den Alarm auf zehn Minuten und tauch ein in dein arbeitendes Ich. Was will es? Und wie soll dein Berufsleben in zehn Tagen, zehn Monaten und zehn Jahren aussehen? Was braucht es dafür?

Wenn du herausgefunden hast, was deine höchsten Werte in Bezug auf die Arbeit sind, dann kannst du dich innerlich danach ausrichten und so lernen, dich selbst zu führen, sodass du auch mit achtzig noch freudvoll und gesund arbeiten kannst. Ein weiteres gutes Messinstrument für deine momentane Bestandsaufnahme – mit dem Tobias gerne arbeitet – ist der Work Ability Index (WAI), also der Arbeitsbewältigungsindex. Er gibt Auskunft darüber, wie es um deine Arbeitsfähigkeit bestellt ist und wie du sie dir erhalten kannst.

Wir haben hier die Kurzversion des Fragebogens inklusive Auswertung mit Erlaubnis des WAI-Netzwerk Deutschland als Link eingefügt:

https://www.wainetzwerk.de/uploads/content/pdf/WAI-Fragebogen-Kurzversion%20mit%20Auswertungsbogen.pdf

Du bist mit deinem Ergebnis zufrieden? Wunderbar, dann behalte bitte alles bei, was du jetzt tust und lass es so, wie es ist. Bist du nicht ganz zufrieden, überleg dir, was du einfach und schnell ändern könntest. Ein kleines Brainstorming und eine Mind-Map können dir dabei helfen, Klarheit zu bekommen. Baue zusätzlich folgende kleine Übungen in deinen Arbeitsalltag ein, um ihn dir ein bisschen zu erleichtern, denn allzu oft lassen wir uns ablenken, reden mehr über die Arbeit als sie zu tun, sinnieren über dieses oder jenes und verlieren uns in Dingen, die nicht wichtig sind. Damit du gut arbeiten kannst und effizient dabei bist, versuche das Eisenhower-Prinzip öfter anzuwenden.

Anregung: Eisenhower-Prinzip (Es hilft dir, Dinge für dich zu priorisieren):

Frag dich immer wieder in deinem Arbeitsalltag: Ist das, was ich tue, tun will oder denke, gerade wichtig? Ist es dringend? Nein? Dann weg damit!

Anregung: Wenn du arbeitest, dann arbeite!

Du hast das Gefühl, du kommst mit der Zeit, in der du deine Aufgaben erledigen sollst, nicht klar? Fokussiere dich öfter wirklich auf die Arbeit, anstatt darüber nachzudenken oder mit KollegInnen darüber zu reden. Erledige sie einfach!

Definiere für dich in deinem Arbeitstag eigene Kernstunden, in denen du wirklich konzentriert arbeitest und dich nicht von eingehenden Mails ablenken lässt. Das Eisenhower-Prinzip, das wir dir davor vorgestellt haben, hilft dabei.

Carpe Arbeitstag

Um zu erkennen ob und was du tun kannst, um dein Arbeitsleben noch angenehmer zu gestalten und so zu leben, dass es deiner Gesundheit zuträglich ist, ist es wichtig, eine Bestandsaufnahme zu machen. Die Fragen, wie sehr du dich von deiner Arbeit erfüllt fühlst, haben wir nicht ohne Grund gestellt. Immer mehr Menschen ist wichtig, dass das, was sie tun, sinnvoll ist. Und es hat sich gezeigt, dass die Art von Arbeit, die du gerne tust, dein Leben verlängern kann.

Aus gutem Grund geht es also in unserer westlichen Welt mehr und mehr um Selbstverwirklichung. Aktuell werden immer wieder Phänomene beschrieben, die dieser Entwicklung entsprechen.

Da gibt es zum Beispiel immer mehr Leute, die man zur »Generation Slash« zählt. Sie machen mehrere Jobs parallel – reduzieren also zum Beispiel ihren Hauptjob auf zwanzig Stunden, um gleichzeitig eine oder zwei andere Leidenschaften in der Selbstständigkeit ausüben zu können – sie sind dann beispielsweise Grafikerin/Naturkosmetik-Produzentin/Sängerin. Sie wollen möglichst viele ihrer Talente und Interessen ausleben. Mit einem einzelnen Job, der die ganze Zeit einnimmt, gelingt das oft nicht.

Was sich auch überholt hat, ist die Vorstellung vom harten Arbeitsleben, durch das man durchmuss, um dann die Zeit in der Pension genießen zu können – das war einmal. Für jüngere Generationen funktioniert das nicht mehr. Sie wollen nicht auf die Pension warten, um dann irgendwann in ferner Zukunft mehr Zeit fürs Reisen oder die Familie zu haben. Und sie sehen bei vorangehenden Generationen, dass deren Rechnung nicht aufgeht. Sie verzichten also zugunsten von mehr Zeit gerne auf den Dienstwagen. Die Werte haben begonnen, sich zu verschieben.

Über deine Werte in Bezug auf dein Arbeitsleben hast du schon nachgedacht. Überlege nun, was davon du wirklich umsetzen möchtest. Entspricht dein Arbeitsalltag, so wie er sich im Moment gestaltet, deinen Werten? Selbst wenn du jetzt zu dem Ergebnis kommst, dass du an dem Arbeitsplatz, an dem du gerade bist, nicht zu hundert Prozent glücklich bist, bedeutet das nicht, dass du sofort kündigen musst. Tobias und ich sind Fans von kleinen Veränderungen – auch Kleinigkeiten können nämlich große Wirkung haben. Erinnere dich noch einmal an die Frage: Wofür lohnt es sich in Bezug auf meinen Beruf, älter zu werden? Lass dich dazu auf die folgende Übung ein.

Anregung: Zum Abschied nur das Beste!

Stell dir vor: Die Kolleginnen und Kollegen tuscheln geheimnisvoll, aber du weißt natürlich, worum es geht. Im Nebenraum bereiten sie die Feier zu deinem bevorstehenden Pensionsantritt vor. Es wird – wie bei allen anderen auch, die Abschied feiern – Kuchen und Sekt geben. Die Chefin wird ein paar Worte sagen, dann du. Ihr stoßt an auf so viele Jahre des gemeinsamen Arbeitens. Dann nimmst du mit, was noch dir gehört und gehst bei der Tür hinaus, durch die du so viele Jahre deines Arbeitslebens jeden Tag gekommen bist. Du kommst nach Hause, stellst die Schachtel mit den Resten deines Arbeitslebens ab und siehst dich im Spiegel an. Wen siehst du? Ist das ein schöner Moment für dich? Fang an, mit dir zu reden. Was sagst du dir? Klopfst du dir auf die Schulter, bist stolz auf dein Berufsleben und hast das Gefühl, für dich alles richtig gemacht zu haben? Oder fühlst du dich abgerackert und leer? Wenn es dir leichter fällt, nimm dir einen Zettel und einen Stift und schreib dir einen Glückwunschbrief zu deinem Pensionsantritt.

Vielleicht hast du bei deinem Spiegelgespräch die eine oder andere Sache bemerkt, die du ändern möchtest und die du anders machen willst. Oder es sind dir Kleinigkeiten aufgefallen, denen du dich nicht mehr aussetzen möchtest. Ein Teilnehmer in einem unserer Seminare hat zum Beispiel erzählt, dass es ihn so genervt hat, wenn der schlecht gelaunte Kollege vom Nachbarschreibtisch angefangen hat, zu jammern und zu schimpfen. Irgendwann hat er entschieden, dass er sich dem nicht mehr aussetzen will, weil es ihn runtergezogen hat. Also ist er in diesen Situationen immer aufgestanden, um sich einen Kaffee oder ein Glas Wasser zu holen. Damit ist es ihm viel besser gegangen.

Es gibt viele Dinge, wie du dein Arbeitsleben angenehmer gestalten kannst. Was sagt dein Inneres Arbeitsministerium dazu? Berufe dein Inneres Parlament zu einer Sitzung!

Sitzung des Inneren Parlaments

- *Tagesordnungspunkt:* Festlegen eines Happy-Ethik-Verordnungsvorschlages für mehr Freude an der Arbeit und Maßnahmen, um auch mit achtzig noch fit arbeiten zu können.
- *Anwesend:* das Innere Gewissen, die Innere Vernunft, der Innere Finanzminister, das Innere Bauchgefühl, der Innere Faulpelz, die Innere Ausredenfinderin, die Innere Leidenschaft, die Arbeitgebervertretung, der Innere Betriebsrat;
- *Fragestellung:*
  - Wie kann ich in Bezug auf die Arbeit meine Werte festlegen und was kann ich tun, um in meinem Arbeitsalltag danach zu leben?
  - Was ist mir bei meiner Arbeit am wichtigsten?
  - Was möchte ich beibehalten? Was möchte ich ändern?

Lass deine Inneren RatgeberInnen diskutieren – was sagen sie? Auf welche Werte einigen sie sich? Welche Dinge verordnet dir dein Inneres Parlament vorübergehend?

“ *Ich verordne mir für den Zeitraum von zwei Wochen (oder einen anderen beliebigen Zeitraum) folgende Dinge in Bezug auf mein Arbeitsleben:*

Deine Happy-Ethik-Verordnungen fürs Tun

Ich spiele die Schriftführerin für dich und leite dich durch eine Zusammenfassung der Dinge, die du in Bezug auf das Tun in deinem Leben als Verordnungsansätze für deine Happy Ethik bedenken und ausprobieren willst. Sieh dir selbst noch einmal an, was du dir vorgenommen hast und schreibe erste Erfahrungen auf, wie gut es dir gelingt, deine Vorhaben auszuführen:

Die Aktivitätsverordnung

Ich habe mir für den Zeitraum von zwei Wochen (oder einen anderen beliebigen Zeitraum) verordnet, folgende Aktivitäten auszuüben:

Meine Erfahrungen damit:

Die Sport-/Körperverordnung

Ich habe mir für den Zeitraum von zwei Wochen (oder einen anderen beliebigen Zeitraum) verordnet, folgende Aktivitäten auszuüben und sie folgendermaßen in meinen Alltag zu integrieren:

Meine Erfahrungen damit:

Die Entspannungsverordnung

Ich habe mir für den Zeitraum von zwei Wochen (oder einen anderen beliebigen Zeitraum) verordnet, folgende entspannende und stressreduzierende Aktivitäten in meinen Alltag einzubauen:

Meine Erfahrungen damit:

Die Familien-/Freundes-/Partnerverordnung

Ich habe mir für den Zeitraum von zwei Wochen (oder einen anderen beliebigen Zeitraum) verordnet, folgende Dinge in Bezug auf meine Beziehungen zu meinem Partner, meiner Partnerin, meinen Freunden, meiner Familie zu tun:

Meine Erfahrungen damit:

Die Arbeitsverordnung

Ich habe mir für den Zeitraum von zwei Wochen (oder einen anderen beliebigen Zeitraum) verordnet, folgende Dinge in Bezug auf mein Arbeitsleben zu tun:

Meine Erfahrungen damit:

Happy Sagen

Wer willst du sein und wie willst du reden? Mit dir, mit anderen oder in deinem Berufsalltag? Was kann es verändern, wenn du bewusster mit deiner Sprache umgehst und einforderst, dass man achtsam mit dir redet? Welche Werte sollen in Bezug auf deine Sprache gelten? Wir reden auf den nächsten Seiten von der Macht der Worte, wie man mit den richtigen Suggestionen seine Gesundheit fördern kann oder darüber, wie du dir mehr Leichtigkeit quasi herbeireden kannst.

4. Wie redest du eigentlich mit dir?

Die Experimente von Masaru Emoto sind in der Wissenschaft zwar umstritten, aber weil sie anschaulich zeigen, was wir erklären wollen, wollen wir kurz davon erzählen. Es geht dabei um Wasser, Reis und Worte – Emoto experimentierte damit, ob sich die Struktur von Wasserkristallen und Reis verändert, je nachdem welchen Worten man sie aussetzt. Er war sicher, dass Wasser diese Einflüsse aufnehmen und speichern würde. Auf Flaschen, in die er Wasser gefüllt hatte, klebte er also Botschaften – entweder positive wie »Danke« oder negative wie »Krieg«. Dann ließ er das Wasser gefrieren und fotografierte die Kristalle – und die unterschieden sich in ihrer Ästhetik enorm. Das Wasser mit den positiven Wörtern wie »Danke« hatte laut Emoto vollkommene Eiskristalle ausgebildet, das andere nicht. Ähnlich soll es sich in seinem Reisexperiment verhalten haben: Er kochte Reis, verschloss ihn in Gläsern, etikettierte die einen mit »Danke«, die anderen mit »Idiot« und beschimpfte oder lobte sie jeden Tag für dreißig Sekunden. Das Ergebnis, von dem er berichtete: Der Reis mit dem negativen Begriff wurde schnell schimmlig, der andere nicht.

Im Internet kursieren unterschiedliche Erfahrungen zu diesen Experimenten, die einen sagen »Ich habe das mit dem Reis selbst ausprobiert und natürlich hat es geklappt«, die anderen »Ich habe es ausprobiert und es hat nicht geklappt«. Es ist an dieser Stelle nicht relevant, was du über die Wissenschaftlichkeit dieser Studie denkst. Wir wollen dich nur zur folgenden Überlegung anregen: Was macht es mit dir, wenn jemand »Danke« zu dir sagt? Und wie fühlst du dich, wenn dich jemand »Idiot« nennt? Was verändert sich dabei in deinem Körper?

Um es dir ganz deutlich und spürbar zu machen, nimm Stift und Papier und versuche das Automatische Schreiben – diesmal zweimal hintereinander. Bei der ersten Runde schreib dir »Idiot« als Überschrift und Ausgangspunkt für deine Gedanken rund um Schimpfwörter auf. Nach den ersten zehn Minuten wechsle das Thema und schreib als Titel »Danke« hin und lass deine Gedanken zur Dankbarkeit kreisen. Lass wieder für zehn Minuten deine Gedanken sprudeln. Hast du gemerkt, wie unterschiedlich sich die zwei Themen in deinem Körper angefühlt haben?

Dass Worte wirken und sehr mächtig sind, steht für uns außer Frage. Worte beeinflussen wie wir denken, wie wir handeln, wie wir wahrnehmen. Sie können uns stressen und körperliche Reaktionen hervorrufen. Wenn es darum geht, uns etwas zu verkaufen, hat man sich solche Erkenntnisse schon länger zunutze gemacht: Eine Teesorte, die »Tropical Feeling« heißt, schmeckt laut Testpersonen zum Beispiel exotischer, fruchtiger und erfrischender, als wenn derselbe Tee »Vor dem Kamin« heißt – das zeigte ein Versuch an der Hochschule Harz. Man hat auch gezeigt, dass sich die Muttersprache auf unsere Denkmuster auswirkt. Zum Beispiel wenn wir Farben wahrnehmen. Betrachten Menschen mit unterschiedlichen Muttersprachen Gemälde, kann es sein, dass sie für jede/n von ihnen ein bisschen anders aussehen, weil es in den unterschiedlichen Sprachen unterschiedliche Ausdrücke für gewisse Farbnuancen gibt. Außerdem hat man gemessen, dass Menschen körperliche Stresssymptome zeigen, wenn sie Tabuwörter aussprechen – also Wörter, von denen sie glauben, dass sie nicht verwendet werden sollten.

Wenn es um Worte und deren Gebrauch geht, achtet man vor allem darauf, wie andere mit einem reden oder wie man selbst mit anderen redet – ob man den richtigen Ton trifft und verstanden wird. Ethisch zu sein heißt aber auch, gut zu dir selbst sein – deshalb geht es hier unter anderem um die Frage, wie du mit dir selbst sprichst.

Es gibt Leute, die in der Früh grantig aus dem Bett steigen, mit einem »Verdammt« auf den Lippen, weil sie doch fünf Minuten länger liegen geblieben sind, als sie vorhatten. »Ach, du Idiot/in« schimpfen sie sich selbst, wenn sie beim Kaffeeeinschenken etwas danebengießen. »Ich bin ja so blöd« sagen sie, wenn sie dann in der Arbeit bemerken, dass sie eine Aufgabe vergessen haben. Wenn ihnen die Straßenbahn vor der Nase wegfährt, heißt es: »Na klar, wem passiert das wieder – mir.« Und so geht es weiter, bis sie mit folgendem Gedanken ins Bett gehen: »Ach, wie blöd, ich hab schon wieder nicht geschafft, was ich mir für heute alles vorgenommen hatte.«

Und dann gibt es Leute, die sind netter zu sich. Die stehen in der Früh auf und denken: »Danke, dass ich wieder einen tollen Tag vor mir habe, an dem ich viele schöne Dinge tun und erleben kann!« Die den kleinen Kaffeepatzer mit einem »Hoppala, na zum Glück nicht auf die Hose …« kommentieren. Die der vergessenen Aufgabe mit »Oh, die hab ich gestern vergessen, also erledige ich sie heute« begegnen. Die es nicht auf sich beziehen, wenn sie auf die nächste Straßenbahn warten müssen und einfach ruhig an der Station stehen bleiben. Und die dann am Abend mit einem »Den Tag hab ich ganz gut gemeistert« beschließen.

Natürlich ist dir klar, dass beide Beschreibungen Extremvarianten zeigen. Finde für dich heraus, wie du mit dir sprichst – denn manchmal ist einem das gar nicht bewusst.

So rede ich mit mir

Wie so oft, wenn man Dinge zum Angenehmeren verändern will, ist es wichtig, den Ist-Zustand zu betrachten. Nimm dir also zwei bis drei Tage Zeit, um dich selbst wie ein/e DetektivIn zu beobachten: Wann am Tag redest du mit dir und welche Worte verwendest du? Bist du liebevoll dir gegenüber? Sagst du auch mal danke zu dir selbst oder lobst du dich, wenn du etwas gut gemacht hast? Wie reagierst du dir selbst gegenüber, wenn dir etwas misslingt? Bist du dann noch immer freundlich zu dir? Schreibe an den Tagen, an denen du dich beobachtest, am Abend auf, was dir aufgefallen ist.

Es ist natürlich eine Mutmaßung, aber wahrscheinlich könntest du ein bisschen netter zu dir selbst sein – das könnten wir alle. Das Schöne ist: Das fühlt sich nicht nur richtig gut an, sondern dein Körper zeigt dann auch weniger Stressanzeichen, die negative Worte auslösen können. Das Zu-dir-selbst-nett-Sein unterstützt dich also dabei, gesund zu bleiben. Eines ist Tobias und mir dabei noch wichtig: Wenn du dir das vorgenommen hast, und du dich zwischendurch dabei ertappst, dass du unfreundlich zu dir warst, dann verurteile dich nicht dafür. Es ist in Ordnung, einmal schlechte Laune zu haben. Vertrau darauf, dass es dir am nächsten Tag wieder besser gelingen wird, freundlich zu dir zu sein. Und zu merken, dass du nicht besonders nett zu dir warst, ist eine gute Beobachtung.

Ich merke zum Beispiel, dass meine Fähigkeit, nett zu mir zu sein und liebevoll mit mir zu reden, auch davon abhängt, wo im Zyklus ich gerade bin. Und an manchen Tagen mag ich mich selbst nicht. Danke, Hormone! Danke, Gehirnchemie! Dann versuche ich mir – so gut man das eben kann, wenn man schlecht gelaunt ist – zu sagen: »Das geht vorbei. Das sind nur diese ein, zwei Tage im Monat. Deshalb ist dein Leben nicht schlecht. Es ist in Ordnung, schlechte Laune zu haben.«

Eine Bekannte von mir hat einmal ein gutes Beispiel genannt, an das ich in solchen Momenten denken muss. Sie verwendete einen Baum als Metapher und erklärte mir:

> “ *Schau, nur weil es mal regnet, denkt sich der Baum auch nicht: »Oh, ich bin der Regen, alles ist schrecklich.« Genauso wenig tut er das, wenn es stürmt oder schneit: »Oh, ich bin der Sturm, alles ist ganz tragisch.« Sondern er ist der Baum, biegt sich mit dem Wind, lässt den Regen kommen und wieder gehen, lässt den Sturm kommen und wieder gehen, lässt den Schnee kommen und wieder gehen.*

Also versuche ich an solchen Schlechte-Laune-Tagen mehr Baum zu sein und aus einem »Heute bin ich nicht so gut drauf« kein »Alles ist schrecklich und ich bin ein unzufriedener Mensch« zu machen.

Tobias kennt die Schlechte-Laune-Tage genauso. Er gerät dann schnell ins Grübeln, fängt an zu zweifeln – an sich, an der Welt, an allem. Nur weil man sich viel mit sich beschäftigt oder meditiert, heißt das nicht, dass es solche Phasen nicht gibt. Er besinnt sich dann darauf, dass das nur eine Laune ist, eine Stimmungswelle, die ihn erfasst. Er versucht, ruhig zu werden und zu bleiben, zu meditieren und die schlechte Stimmung langsam wieder gehen zu lassen. Und an solchen Tagen – auch wenn es ihm schwerfällt – ganz besonders nett zu sich selbst zu sein, denn dann braucht er es am meisten.

Vielleicht hast du Lust auszuprobieren, wie es sich anfühlt, wenn du netter mit dir redest. Probiere dazu gerne die folgende Übung aus.

Anregung: Heute starte ich nett in den Tag

Wenn du in der Früh aufwachst und die Augen aufmachst, bei der Kaffeemaschine stehst oder Zahnpasta auf die Zahnbürste schmierst und dir dabei im Spiegel in die Augen schaust – wie auch immer dein Tag beginnt – nimm dir für einige Tage in der Früh einen Moment Zeit, um dir zum Start in den Tag etwas Nettes zu sagen. Mache das am besten für drei Wochen, denn drei Wochen dauert es, sich etwas zur Gewohnheit zu machen. Hier ein paar Beispiele:

- Toll, was du heute alles vorhast!
- Du siehst gut dafür aus, dass du gerade erst aufgestanden bist.
- Guten Morgen, du wirst heute einen wundervollen Tag haben!
- Guten Morgen, du wunderbares Wesen, freu dich, dass du heute etwas Schönes erleben darfst/jemand Besonderen treffen darfst!
- Danke, lieber Körper, dass du mich heute gut durch diesen Tag trägst.

Oder du schreibst dir schon am Abend ein kleines Zettelchen mit einem netten Guten-Morgen-Gruß für dich – vielleicht ein Post-It, das du dir auf den Badezimmerspiegel oder die Kaffeemaschine klebst. Beobachte, wie die Tage verlaufen, in die du auf diese Art gestartet bist. Was macht das mit dir?

Ich bin halt so – oder doch ganz anders?

Worte verwendest du nicht nur dir selbst gegenüber, sondern auch, um dich zu beschreiben – zum Beispiel, wenn dich jemand kennenlernt und wissen möchte, wie und wer du bist. Wie nett bist du mit dir, wenn du deine Eigenschaften aufzählst, deine Schwächen beschreibst, dich beschreibst? Du benutzt dafür wahrscheinlich immer dieselben Ausdrücke. Du hast ein bestimmtes Bild von dir – wie jeder Mensch. Du hast eine Meinung darüber, was deine Stärken sind, was du magst und was du nicht magst, wen du magst und wen du nicht magst. Tobias und ich stellen jetzt frech in Frage, ob das alles wirklich stimmt.

Wir Menschen sind nämlich gut darin, uns Dinge einzureden, sie für wahr zu halten, obwohl sie vielleicht ganz anders sein können. Dass du ein bestimmtes Bild von dir hast, ist völlig normal. Aber bist du wirklich die Person, von der du glaubst, sie zu sein? Von klein auf wurdest du geprägt und beschrieben, man hat dir gegenüber Erwartungen ausgesprochen, du hast welche erfüllt, manche nicht, du hast Dinge, die andere gesagt haben, geglaubt und zu deiner Wahrheit über dich gemacht. Man hat dir Eigenschaften zugeschrieben und gesagt, in gewissen Situationen würdest du dich immer auf eine bestimmte Art verhalten. Aber du kennst bestimmt den Spruch »In Wahrheit bin ich ganz anders, aber ich komme so selten dazu«. Was wäre, wenn da noch andere Seiten in dir stecken würden? Wir fordern dich jetzt dazu auf, dir selbst noch ein bisschen mehr auf die Spur zu kommen. Vielleicht hast du Lust, dich auf folgende, spannende Übungen einzulassen.

Anregung: Mein anderes Ich

Nimm dir ein Blatt Papier, am besten in Größe A4, und einen Stift und schreibe als Überschrift deinen Namen. Was du jetzt tun sollst, ist eine Beschreibung über dein anderes Ich zu verfassen – das Wesen, das du vielleicht bist, aber so selten dazu kommst, es zu sein. Schreib über dich, so wie du gerne sein möchtest. Wie wäre dein ideales Ich?

Wichtig: Verwende dazu deine nicht dominante Hand! Wenn du also RechtshänderIn bist, nimmst du die linke Hand zum Schreiben und wenn du LinkshänderIn bist, die rechte.

Anregung: Ein Date mit mir

Stell dir vor, du legst dir ein Profil auf einer Plattform an, um Freunde kennenzulernen. Welche Version von dir würdest du da gerne kennenlernen? Wen würdest du gerne treffen, wenn du dich zum ersten Mal sehen würdest? Mach dir eine Liste und überleg dann, wie oft es dir gelingt, dieses Ich zu leben.

Anregung: Auf (Kurz-)Urlaub mit dir

Verbringe Zeit mit dir allein. Das ist kein Widerspruch zu dem Teil mit den sozialen Kontakten in diesem Buch, die sollst du nicht aufgeben, sondern dir zusätzlich etwas Zeit mit dir gönnen. Mach allein Spaziergänge. Schau dir allein Sonnenuntergänge an. Fahr allein auf Urlaub – auch wenn es nur kurz ist. Und begegne dir dort ehrlich und liebevoll. Wie geht es dir mit dir?

Es kann ganz schön anstrengend und intensiv sein, dir gegenüber ehrlich zu sein. Es wird Zeit herauszufinden, wie du durch deine Worte mehr Leichtigkeit in den Alltag bringen kannst. Berufe vorher am besten die nächste Sitzung deines Inneren Parlaments ein.

Sitzung des Inneren Parlaments

- *Tagesordnungspunkt:* Festlegen eines Happy-Ethik-Verordnungsvorschlages, um netter mit dir umzugehen und zu überdenken, was du über dich sagen willst.
- *Anwesend:* der Innere Kommunikationschef, das Innere Gewissen, die Innere Vernunft, das Innere Bauchgefühl, die Innere Pessimistin, die Innere Optimistin, die Innere Ehrlichkeit;
- *Fragestellung:*
  - Wie kann ich netter mit mir selbst reden?
  - Was will ich tun, um herauszufinden, welche Aussagen, die ich über mich selbst treffe, stimmen und welche nicht?

Lass deine Inneren ParlamentarierInnen diskutieren – was sagen sie? Auf welche Werte einigen sie sich? Welche Sprache verordnet dir dein Inneres Parlament vorübergehend?

“ *Ich verordne mir für den Zeitraum von zwei Wochen (oder einen anderen beliebigen Zeitraum), folgende Dinge in Bezug auf die Sprache und Aussagen mir gegenüber zu tun:*

Sprache schafft Wirklichkeit

Wie wir vorhin schon gezeigt haben, haben Worte eine gewisse Macht. Und deshalb macht es einen Unterschied, wie du mit dir redest. Ob du dich immer einen Tollpatsch schimpfst oder betonst, dass du ein Glückskind bist. Es geht aber auch um ganz banale Alltagsformulierungen, die dir dein Leben leichter oder schwerer machen können. Zum Beispiel, indem du das Wort »müssen« aus deinem Vokabular streichst. Es macht nämlich einen großen Unterschied, ob du sagst »Ich muss jetzt einkaufen« oder »Ich gehe jetzt einkaufen«, ob du sagst: »Ich muss jetzt zur Arbeit« oder »Ich gehe jetzt zur Arbeit«, ob du sagst »Ich muss noch diese Aufgabe erledigen« oder »Ich erledige diese Aufgabe jetzt«, ob du sagst »Ich muss die Torte noch backen« oder »Ich backe jetzt eine Torte«. Spür dich in die Sätze hinein. Wahrscheinlich fühlt sich die eine Formulierung ein bisschen leichter an als die andere. Wenn es dir gelingt, das »Müssen« aus deinem Sprachgebrauch zu entfernen, werden sich ganz viele Dinge auf einmal einfacher erledigen lassen, weil du dir selbst keinen Druck mehr damit machst. Aber das musst du natürlich nicht machen, du kannst, wenn du magst.

Immer öfter ist in letzter Zeit von »Glaubenssätzen« und »Überzeugungen« die Rede, wenn es um Persönlichkeitsentwicklung geht. Und ja, da steckt auch wirklich etwas dahinter – in Glaubenssätzen und dem Thema an sich. Glaubenssätze – also Dinge, von denen du überzeugt bist, obwohl sie nicht der Wahrheit entsprechen müssen – können dir das Leben unnötig schwer machen. »Ich bin so ungeschickt« wäre zum Beispiel ein wenig hilfreicher Glaubenssatz. Oder »Meine Arbeit fällt mir so schwer«. Dann gibt es welche, die wir durch die Gesellschaft oder unsere Erziehung in unserem Leben haben, wie »Ohne Fleiß kein Preis« oder »Das Leben ist hart«. Hörst du diese Dinge oft genug, wirken sie auch auf dich, du glaubst und verinnerlichst sie und machst sie damit zu deinen Wahrheiten. Du fokussierst dich auf die Situationen in deinem Leben, in denen du ungeschickt bist, dir die Arbeit schwerfällt oder das Leben hart ist. Und dann bestätigt deine Erfahrung – weil du von vornherein annimmst, dass das so ist und du dir das bewusst machst – dass dieser Satz stimmen muss. Dass du einfach ungeschickt bist und Arbeit immer schwer sein muss. Laut einer Studie aus Harvard hört jede/r von uns bis zu seinem achtzehnten Lebensjahr 150.000 negative Suggestionen, also Sätze wie »Das schaffst du nie!«, »Dafür bist du zu dumm!«, »Männer wollen immer nur das Eine«, »Lass das, das können Frauen nicht!« und so weiter. Aber jeden Satz, den du findest, und der dir etwas von deiner Leichtigkeit im Leben nimmt, kannst du umdrehen. Ob du dich dabei unterstützen lassen willst – inzwischen bieten verschiedene Richtungen Methoden an, um Glaubenssätze aufzulösen – oder nicht, sich mit ihnen zu beschäftigen und einen nach dem anderen aufzulösen, kann dein Leben enorm verändern. Jedes Mal, wenn du also sagst »Das konnte ich noch nie«, könntest du auch sagen »Vieles gelingt mir gut!« Statt »Das schaffe ich sicher nicht« könntest du dir sagen »Das geht bestimmt ganz leicht!« oder statt »Ich habe immer Angst« redest du dir gut zu mit »Ich bin beschützt!« Experimentiere damit!

Das will ich mir glauben

Lass mich von einer persönlichen Erfahrung mit einer Unverträglichkeitsdiagnose erzählen. Vor vielen Jahren hatte ich Probleme mit meinem Magen. Irgendwann wurde ich dann ausgetestet und man diagnostizierte eine Histaminintoleranz. Man hat mir also gesagt, ich würde alle Lebensmittel, in denen Histamin enthalten ist oder auch die, die Histamin freisetzen können, nicht vertragen. Das stimmte damals. Von Rotwein bekam ich Herzrasen, von Spinat, Thunfisch, Tomaten und Bananen wurde mir schlecht. Also verzichtete ich darauf. Das ärgerte mich, denn ich mochte das alles sehr gerne. Irgendwann – da hatte ich mich gerade mit Kinesiologie und der Kraft von Glaubenssätzen beschäftigt – beschloss ich: Ich akzeptiere diese Unverträglichkeit nicht mehr. Genug davon. Und ich setzte mir als Ziel, sie in den kommenden sechs Monaten zu überwinden. Dazu ließ ich mich von meiner Kinesiologin und einer Shiatsutherapeutin unterstützen und strich den Satz »Ich vertrage kein Histamin« aus meinem Sprachgebrauch. Denn immer, wenn ich davor gefragt worden war, ob ich denn alles essen würde, hatte ich geantwortet: »Nein, ich kann nichts essen, wo Histamin drin ist«, »Nein, ich vertrage kein Histamin« oder »Ich habe eine Histaminunverträglichkeit«. Und jedes Mal, wenn ich es aussprach, glaubte ich es mir ein bisschen mehr. Ich wurde also vorsichtiger mit meiner Wortwahl und versuchte das Gegenteil: Mir wieder glaubhaft zu machen, dass mein Körper jung und gesund genug sei, um mit ein bisschen Histamin fertig zu werden. Ich kehrte also meinen Glaubenssatz »Ich vertrage das nicht« um in »Ich kann alles essen« und veränderte dadurch meine Erwartung Lebensmitteln gegenüber. Und ich gab mir ausreichend Zeit dafür. Ich tastete mich langsam voran. Denn ich wusste damals genau: Von jetzt auf gleich würde ich mir das selbst nicht glauben. Aber ich begann zu experimentieren. Zuerst nur mit Tomaten, auf die hatte ich immer am wenigsten reagiert. Ich aß also Tomaten und sagte mir, dass sie mir nicht schaden würden – nichts passierte. Also stärkte das meinen Glauben daran, dass ich alles essen könne. Wieder aß ich Tomaten, wieder passierte nichts. Wieder wurde mein Glauben stärker. Dann probierte ich das über einen Zeitraum von ein bisschen mehr als einem halben Jahr auch mit anderen Lebensmitteln aus. Spinat und Rotwein hatte ich mir für die Endphase aufgehoben – davon war mir immer besonders schlecht geworden. Und wirklich, ich konnte Spinat essen und Rotwein trinken, ohne dass sich irgendein körperliches Symptom zeigte. Wenn ich also jetzt gefragt werde, ob ich Unverträglichkeiten habe, dann sage ich voller Überzeugung: »Ich kann alles essen.« Und das stimmt auch. Seit ungefähr drei Jahren esse ich wieder ganz normal, ohne irgendeine Art von Einschränkung und nur ein einziges Mal in all der Zeit hatte ich kurz das Gefühl, mein Körper könnte gerade auf Histamin reagiert haben. Also bin ich noch immer davon überzeugt, dass ich alles essen kann. Und damit will ich die Medizin oder die Diagnose von damals nicht infrage stellen, sondern nur erzählen, wie es mir geholfen hat, in Bezug auf meine Gesundheit achtsam mit Sprache umzugehen.

Placebo-, Noceboeffekte und ein Apotheker

Tobias meint, mit meiner Histamin-Erfahrung sei ich ein gutes Beispiel für die Phänomene in der Medizin, die man im Bereich der Placebo- oder Noceboeffekte ansiedeln kann. Der Placeboeffekt ist bekannter – laut ihm können auch Medikamente, die keine Inhaltsstoffe haben, wirken, wenn man es selbst erwartet. Mit Noceboeffekt ist gemeint, dass man sich selbst einreden kann, krank zu sein, beziehungsweise dass man durch eine bestimmte negative Erwartungshaltung Krankheitssymptome entwickeln kann – zum Beispiel wenn man glaubt, die äußeren Umstände würden einen krank machen, wenn der Arzt oder die Ärztin eine Krankheit vermutet oder durch die Beschreibung von Nebenwirkungen am Beipackzettel.

Auf den Noceboeffekt werden wir in einem späteren Kapitel noch einmal zurückkommen. Zunächst geht es um die positive Seite dieser Dinge, also die Placeboseite. Worte können heilen, dazu beitragen, dass wir unsere Selbstheilungskräfte aktivieren und uns beim Gesundwerden sowie beim Gesundbleiben unterstützen. Viele Krankheiten oder Symptome, mit denen man zum Arzt oder zur Ärztin geht, würden von selbst wieder verschwinden, einiges bräuchte gar keine Medikation, meinte Ferdinand M. Gerlach, Präsident der Deutschen Gesellschaft für Allgemeinmedizin, einmal gegenüber der »Zeit«: »Grob geschätzt löst sich deutlich über die Hälfte der Patientenanliegen in der hausärztlichen Praxis von selbst.« »Abwartendes Offenlassen« nennen das MedizinerInnen, wenn sie nicht sofort eingreifen, dem Körper die Arbeit eher selbst überlassen und darauf vertrauen, dass er zu viel mehr in der Lage ist, als wir ihm heute zutrauen. Gleichzeitig ist es wichtig, sorgsam darauf zu achten, wie ernst die Symptome sind und wann es wichtig wird, doch einzugreifen. »Damit wird Ihr Körper auch allein fertig« scheint aber grundsätzlich ein Satz zu sein, der manchmal genauso gut ist wie ein Rezept.

Dass Worte und Sätze so eine Kraft haben, wenn es um die Gesundheit geht, hat Émile Coué als einer der ersten beobachtet und beschrieben. Er war ein französischer Apotheker und gilt als Begründer der Suggestionslehre. Er stellte fest, dass seine KundInnen besser auf Medikamente ansprachen und schneller gesund wurden, wenn er vor der Einnahme zu ihnen sagte: »Das wird Ihnen bestimmt helfen.« Er war fest davon überzeugt, dass unsere Gedanken Wirklichkeit werden wollen und dass man sich durch entsprechende Sätze ein leichteres Leben oder mehr Gesundheit herbeireden kann. Mit dieser damals neuen Methode ist er Anfang der 1920er Jahre durch die Welt gereist, um die Menschen zu befähigen, ihr eigenes Heilpotenzial zu entfalten. Er hat mit Suggestionen und Autosuggestionen experimentiert und der Nachwelt eine umfassende Formulierung als Empfehlung hinterlassen: »Es geht mir jeden Tag in jeder Hinsicht besser und besser.« Diese Autosuggestion, so war er überzeugt, unterstützt die eigene Gesundheit enorm und er riet, sich diesen Satz jeden Tag ungefähr zwanzig Mal halblaut in einem sehr entspannten Zustand vorzusagen.

In der modernen Neurobiologie gibt es immer mehr Nachweise, dass Suggestionen und Autosuggestionen sowie Hypnosen oder Selbsthypnosen, die damit arbeiten, wirken – zum Beispiel in der Schmerztherapie. Dabei versucht man mittels Trance den Verstand zu umgehen, um hilfreiche Suggestionen direkt im Unterbewusstsein platzieren zu können und damit sein ganzes System, seinen Körper, auf ein bestimmtes Ziel auszurichten. Zunehmend erfährt die Hypnose wieder Zuspruch, auch wenn die Skepsis ihr gegenüber durch Showhypnose-Vorführungen – bei denen Menschen scheinbar willenlos gemacht werden – noch immer groß ist. Außerdem braucht es für eine Hypnosesitzung nicht mehr als einen Therapeuten oder eine Therapeutin und einen Raum, in dem die Sitzung stattfinden kann. Weil dabei keine teuren Medikamente oder Geräte verkauft werden können und sie somit wenig profitabel ist, wird dafür auch kein Lobbyismus betrieben. Dass sie im medizinischen Kontext aber gut eingesetzt werden kann, wissen viele seriöse TherapeutInnen (zum Beispiel die der Deutschen Gesellschaft für Hypnose und Hypnotherapie oder der Milton-Erickson-Gesellschaft).

Tobias kann das aus eigener Erfahrung bestätigen: Er erinnert sich zum Beispiel an eine Patientin, die mit wiederkehrenden Kopfschmerzen zu ihm kam. Nach einem Vorgespräch versetzte er sie in Trance und erkundete mit ihr den Schmerz. Er bat sie um Vergleiche, wie er sich anfühlte. Es sei, als stecke ihr Kopf in einem Schraubstock, erzählte sie. Tobias bat sie, noch genauer zu beschreiben, wie der Schmerz war – ob hell oder dunkel, warm oder kalt, scharf oder weich. Irgendwann hatte seine Patientin ein Bild einer metallenen, monströsen Skulptur vor sich. Dann vertiefte Tobias die Hypnose und veränderte ihren Fokus. Sie sollte sich an einen schönen, schmerzfreien Moment erinnern und sich in ein eigenes Atelier begeben, in dem ihr jede Menge Werkzeuge zur Verfügung standen. Sie konnte die grauenhafte Skulptur bearbeiten und verändern. Das sei oft der

Moment, wo den PatientInnen Tränen der Erleichterung über die Wangen rinnen, erzählt Tobias, denn auf einmal merken sie: Sie sind dem Schmerz nicht hoffnungslos ausgeliefert. Sie können ihn beeinflussen. Bei dieser Patientin reichte diese eine Sitzung, um eine nachhaltige Verbesserung in Gang zu setzen. Ab diesem Zeitpunkt übte sie mit Autosuggestionen selbstständig, ihren Schmerz zu verändern, wenn er kam.

Hypnose kann also durch entsprechende Suggestionen die Gesundheit enorm fördern. Die Einstellung und die richtigen Worte wirken. Dafür, dass eine medizinische Maßnahme – welcher Art auch immer, ob Tablette, Spritze oder Hypnosesitzung – wirkt, sind drei Dinge ausschlaggebend: Erstens ist wichtig, dass man davon überzeugt ist, dass die gewählte Maßnahme helfen wird. Zweitens, dass man davon überzeugt ist, dass die Person, die die Behandlung oder Therapie durchführt, kompetent ist. Und drittens ist ausschlaggebend, dass die Person, die die Behandlung durchführt, selbst von der Wirksamkeit der Methode überzeugt ist.

Spannende Ergebnisse zeigen auch Versuche aus Spitälern beziehungsweise die Forschungen von Ernil Hansen an der Universität Regensburg: Wenn sich Personen einer Operation unterziehen mussten, dann hat man einer Gruppe gesagt: »Sie werden sehen, Ihr Körper verkraftet diese Operation ohne Komplikationen. Das Team, das sich um Sie kümmert, besteht aus den besten Ärztinnen und Ärzten, Sie sind in den besten Händen. Sie werden die Narkose gut vertragen und kaum Nebenwirkungen haben. Sie werden sich schnell wieder erholen, wenn Sie aufwachen und bald wieder ganz gesund und fit sein.« Dann hat man bei den Operationen darauf geachtet, dass auch das OP-Team positiv eingestellt war und im OP eine gute Stimmung herrschte. Anderen PatientInnen hatte man diese Sätze vorher nicht gesagt. Und tatsächlich verliefen die Operationen der – wir nennen sie hier »Suggestionsgruppe« – reibungsloser und die PatientInnen erholten sich weit schneller als die anderen. Die Sätze hatten also ihre Wirkkraft entfaltet.

Ähnliche Entwicklungen beobachteten WissenschaftlerInnen rund um Winfried Rief an der Philipps-Universität Marburg: Hundertvierundzwanzig HerzpatientInnen stand eine Bypassoperation bevor. Mit einem Teil von ihnen erarbeiteten PsychologInnen konkrete Pläne für die Zeit nach der Operation. Es ging zum Beispiel darum, sich zu überlegen, auf welche Weise sich jede/r gut erholen könne und was die Person tun könne, um das zu erreichen. Sechs Monate später gab es deutliche Unterschiede zwischen den Patientengruppen. Die Menschen, die Pläne geschmiedet und sich in Übungen auf das Gesundwerden vorbereitet hatten, erholten sich besser und schneller. Sie wiesen etwa geringere Entzündungsmarker auf und hatten weniger Stresshormone im Blut. Einerseits wirkt die positive Erwartungshaltung direkt im Körper, weil er dann zum Beispiel beginnt, Substanzen zu bilden, die Schmerzen mildern können. So genannte Enzephaline werden schon ausgeschüttet, wenn das Gehirn erwartet, dass die Schmerzen weniger werden. Und gleichzeitig ist die hoffnungsvolle Erwartung eine 1-a-Motivation, um wirklich aktiv etwas zum Gesundwerden beizutragen. Das bedeutet: Im Idealfall gehen gute Gedanken mit den entsprechenden Handlungen Hand in Hand.

Positive Erwartungshaltungen, Suggestionen und Autosuggestionen sind also nicht zu unterschätzen. Wichtig ist dabei, dass du dich in einen entspannten Zustand versetzt. Denn nur dann hat die Suggestion die Möglichkeit, deinen kritischen Verstand zu umgehen und direkt im Unterbewusstsein zu arbeiten. Im Gegensatz zu Meditationen – bei denen man in einem ähnlichen Zustand ist, um Gelassenheit, Ruhe und Entspannung zu erleben – versucht man in Hypnosen oder Selbsthypnosen, durch die Suggestionen ein bestimmtes Ziel zu erreichen oder dein System, deinen Körper, dein Unterbewusstsein auf ein bestimmtes Ziel hin auszurichten.

Und wenn du in einem tranceartigen Zustand bist, gelingt es dir, dieses Ziel – ohne dass dein Verstand dagegen wettern kann – quasi einzuprogrammieren. Unter Mitbedenken aller Hürden, die es auf dem Weg dahin geben könnte. Das, meint Tobias, sei ein großer Unterschied zum reinen positiven Denken. In ernstzunehmenden Hypnosesitzungen werden immer auch mögliche Widrigkeiten und notwendige Schritte mitbedacht. Er vergleicht das gerne mit einem Skisuperstar: Jemand wie Marcel Hirscher zum Beispiel steht auch nicht im Starthaus und stellt sich nur vor, wie er als Sieger durchs Ziel geht. Nein, er geht die ganze Strecke noch einmal durch. Darauf, dass man auf Hindernisse nicht vergessen dürfe, weist die Psychologieprofessorin Gabriele Oettingen hin und relativiert damit das Positive Denken ein wenig. Denn wer sich seine schöne Zukunft nur in Gedanken ausmalt, vernachlässigt es möglicherweise, die Schritte zu tun, die es braucht, um Ziele im echten Leben zu erreichen. Auch Tobias klärt immer wieder auf: Man dürfe nicht glauben, man gehe einmal zur Hypnose und dann sei von selbst alles anders. Aber wer bereit ist, an sich zu arbeiten, sich mit sich zu beschäftigen, um etwas zu verändern, den kann die Hypnose ganz wunderbar dabei unterstützen und die Veränderung beschleunigen.

Vielleicht hast du jetzt Lust bekommen, so eine Selbsthypnose einmal auszuprobieren. Ich habe übrigens einmal bei einer Vorübung zu einer Selbsthypnose in Trance einen Löffel verbogen. Das war ein sehr einprägsames und beeindruckendes Erlebnis, den Löffel hätte ich nämlich mit reiner Muskelkraft nie verbiegen können. Das habe ich nachgeprüft, mehrfach sogar! Ich hatte eines dieser Wow-Erlebnisse, die einen dazu veranlassen, ehrfürchtig und demütig vor sich selbst zu werden, weil man erkennt: Hey, wie mächtig bin ich eigentlich? Deshalb lohnt es sich aus meiner Sicht auf jeden Fall, solche Dinge mit der nötigen Offenheit zumindest einmal auszuprobieren, sich zum Beispiel in einer

Selbsthypnose (Anleitung auf den folgenden Seiten) vorzustellen, die eigenen Wünsche hätten sich schon erfüllt. Versuche, dich nach dem Motto »Hilft's nix, schadet's nix« darauf einzulassen.

Ich kann dich übrigens beruhigen – solche Techniken haben nichts mit esoterischem Hokuspokus zu tun, sondern werden auch am renommierten MIT (Massachusetts Institute of Technology) als Leadership-Kompetenz gelehrt. Federführend dort ist Claus Otto Scharmer, gebürtiger Deutscher, der die mehrschichtige »Theorie U«, ein Modell für Entwicklungs- und Veränderungsprozesse, entwickelt hat. Scharmer geht davon aus, dass es gut ist, Zukunftspotenziale gewissermaßen zu »erspüren«. Wer von der Zukunft aus denkt, nicht nur aus der Vergangenheit lernt, sondern gleichzeitig im Hier und Jetzt ist, ist besser in der Lage, immer gleiche Fehler zu vermeiden. »Presencing«, also den Mix aus presence (Gegenwart) und sensing (Spüren), nennt er diesen Zustand, mit dem man am besten durch Veränderungsprozesse kommen soll. Diesen Weg der Veränderung beschreibt er in Form des Buchstaben »U«. Basis dafür waren hunderte Interviews mit WissenschaftlerInnen und Geschäftsleuten über deren Erfolgsstrategien für Veränderungen. Die zentrale Frage lautet für ihn: »Wie können wir aus der im Entstehen begriffenen Zukunft heraus handeln und wie aktivieren wir die tieferen, schöpferischen Schichten des sozialen Feldes?« In seiner Theorie folgt er dem U. Zunächst geht es darum, dem Buchstaben entlang in die Tiefe zur eigenen Quelle zu folgen und dabei loszulassen, was wir in unserer Vergangenheit gelernt und entwickelt haben. Wir müssen alte Muster erkennen, innehalten, hinspüren und loslassen. Am Boden des U geht es darum, im Jetzt zu sein, damit wir offen sind für Impulse, die aus der idealen Zukunft zu uns dringen. Die rechte Seite im U dient dem schrittweisen Verdichten, Materialisieren und dazu, etwas Neues zu erschaffen, das wachsen und gedeihen darf.

Offen sein für neue Impulse, die die Zukunft und Visionen betreffen – wie gut kannst du das? Kannst du dir Idealbilder deiner Zukunft ausmalen? Die kommende Übung soll dich dazu animieren!

Anregung: Mein Wunsch hat sich erfüllt

Nimm diesen Text am besten auf deinem Smartphone auf, such dir einen ruhigen Ort, mach es dir bequem und dann hör dir deine Aufnahme an. Es geht dabei darum, dich auf die Erfüllung eines Wunsches auszurichten. Dieser kann gesundheitlicher Natur sein, aber natürlich auch ein anderes Thema betreffen. Diese Übung ist nur für dich. Und wann immer du diese Aufnahme hörst, schlag ich vor, du machst es dir ganz bequem und achtest darauf, dass du für eine Weile ungestört bist. Setz dich bequem hin und leg alle Sachen beiseite, die dich stören könnten, schalte dein Handy auf lautlos, damit du nur deine eigene Aufnahme mit dieser Anleitung hörst und sorge dafür, dass du wirklich Zeit für dich hast. Und als Vorbereitung möchte ich dir den Hinweis geben, dir selbst mit Respekt zu begegnen, mit Wertschätzung und Anerkennung. Behandle dich wie deine beste Freundin, deinen besten Freund. Schließ dann in dieser freundschaftlichen Haltung die Augen und genieße es zunächst wahrzunehmen, was du loslassen kannst, was du im Moment nicht brauchst. Wenn du irgendwo im Körper noch Anspannung merkst, lass sie los.

Ich lade dich ein, die Füße zu entspannen.
Die Hände.
Die Muskeln in der Stirn und den Schultern.
Die Augenmuskeln.
Die Kiefermuskeln.
Den Nacken.
Den oberen und den unteren Rücken.
Spüre, wie die Atmung immer ruhiger fließt.

Und beim Einatmen nimmst du auf, was dir guttut und beim Ausatmen lässt du ausströmen, was du nicht mehr brauchst.
So wie der Körper, der sich befreit von der verbrauchten Luft, lass gleichzeitig auch aus deiner Seele rausströmen, was du nicht mehr brauchst.
Was immer da sein mag an Stress und Unwohlsein, Anstrengung, Kummer, Leid oder schlechtem Gewissen, Wut, Ärger, Neid oder Eifersucht.
Und während du es dir bequem machst, du dich vergewisserst, dass es dir gut geht an dem Ort, an dem du gerade bist, der Körper sich hier erholen und regenerieren kann, möchte ich dich einladen, nun gedanklich an einen anderen Ort zu gehen.

So als würde dein Geist zum Fenster hinausschweben.
Und du schwebst ganz woanders hin.
In die Zukunft.
An einen anderen Ort in der Zukunft, wo du dein Sehnsuchtsziel erreicht hast.
Wo erfüllt ist, was du dir schon seit langem ersehnst.
Fühl dich ganz heimisch in der Zukunft.

Vielleicht mit jemandem, mit dem du dich sehr wohlfühlst. Innerlich das Gefühl im Herzen, dein Ziel erreicht zu haben. So als wäre auf dem Weg dorthin ein Wunder geschehen.
Du kannst fühlen, dass dieses Wunder real ist.

Wie fühlt es sich an? Wenn dein Herz offen ist und weit und die Energie gut durch dich strömen kann?
Wie siehst du aus im Spiegelbild, wenn du dir selbst begegnest, zufrieden lächelnd, freudestrahlend?
Wer ist bei dir? An deiner Seite? An jenem Ort in der Zukunft, an dem du mit allen Sinnen die Situation erlebst?

Du siehst jedes Detail.
Fühlst die Freude, die dich erfüllt.
Das großartige Gefühl von Erfolg und Glück.
Das Glück, den Weg hierhin gegangen zu sein.
Die Zufriedenheit im Herzen.
Das ist so schön, so erfreulich.

Du hast die Erlaubnis deines Unbewussten, das wir bitten, dich auf deinem Weg zu unterstützen.
Egal, warum es früher anders war, du spürst heute: Es ist dir erlaubt.
Wie Zauberei.
Wie Magie.

Magie, die als Staub, magischer Feenstaub, in deiner Hand spürbar wird.
Wie ein Kind wirfst du glitzernden Feenstaub über deine Schulter.
Und wenn du dich umdrehst, erkennst du den Weg, der vor dir glitzert.
Mit allen Schritten, die du bis ans Ziel gegangen bist.
Nun ist jeder einzelne Schritt sichtbar.
Und du schwebst über diesen Weg und kannst genau sehen und erkennen, was du in jedem Schritt getan hast.
Du fühlst und siehst den Weg mit allen Sinnen, der dich hierhergeführt hat. An dein Sehnsuchtsziel, an dem du längst angekommen bist.
Du blickst zurück – siehst dich ganz am Anfang stehen, da, wo der Weg begonnen hat.
Jetzt. Hier.

Und du gehst los. Voller Vertrauen.

Sieh, welche Fortschritte du machst!
Wie das Leben dir entgegenkommt. Und das Schicksal es gut mit dir meint.
Du spürst und weißt ganz sicher, das ist dein Weg. Du darfst diesen Weg gehen.
Und ganz egal, was früher irgendjemand behauptet hat, heute weißt du, dass du liebenswert bist. Und dass du verdient hast, dass sich erfüllt, was du dir wünschst. Und dass es schon da ist.
Und du weißt, dass du ankommen wirst.
Und du weißt, dass du schaffst, was du dir vorgenommen hast.

Nimm dir jetzt ein paar Momente in der Stille, um das Glück mit allen Sinnen zu fühlen. Und vielleicht die eine oder andere Botschaft zu vernehmen, aus der Tiefe deines Herzens.

Jetzt.

Und so kannst du noch für eine Minute oder zwei äußerer Zeit in tiefe Erholung gehen und ein wundervolles Wohlgefühl spüren.

Gesundheit und Vitalität in jeder Zelle.

Und wann immer du soweit bist, wirst du merken, dass es genug und gut ist für den Moment.

Wann immer, jetzt oder gleich – um dann wieder ins Hier und Jetzt zu schweben.

In die äußeren Koordinaten von Raum und Zeit.

An den Ort, wo du dich gerade befindest. In die Zeit, in der du gerade bist.

Und dann wirst du merken, dass du mit ein paar tiefen Atemzügen Lust bekommst, dich zu strecken und zu rekeln.

Und mit jedem Einatmen nimmst du Frische und ein angenehmes Gefühl der Ausgeruhtheit auf.

Um auf die Art und Weise, wie es für dich gut und stimmig ist, gleich wieder ganz wach, munter und gut gelaunt in den Raum zurückzukehren.

Wenn du wieder ganz im Hier und Jetzt bist und die Selbsthypnose ein bisschen nachwirken lassen konntest, dann überleg doch, ob du nicht dein Inneres Parlament einberufen möchtest.

Sitzung des Inneren Parlaments

- *Tagesordnungspunkt:* Festlegen eines Verordnungsvorschlages, um zu entscheiden, wie du über dich reden willst und was du für dich in deinem Leben für möglich hältst.
- *Anwesend:* der Innere Kommunikationschef, das Innere Gewissen, die Innere Vernunft, das Innere Bauchgefühl, die Innere Ehrlichkeit, die Innere Skeptikerin, der Innere Visionär;
- *Fragestellung:*
  - Wie kann ich mit Sätzen, die mir nicht dienlich sind, umgehen?
  - Wie viel Macht traue ich mir selbst zu – durch die Art wie ich mit mir und über mich rede?
  - Was heißt das für mich?

Zeit für die Diskussion deiner Inneren ParlamentarierInnen – was sagen sie? Nach welchen Werten wirst du künftig vorgehen und welche konkreten Dinge verordnet dir dein Inneres Parlament vorübergehend?

“ *Ich verordne mir für den Zeitraum von zwei Wochen (oder einen anderen beliebigen Zeitraum) folgende Dinge in Bezug auf Sätze, die ich für wahr halte und Dinge, die ich über mich sage:*

5. Wer hat hier das Sagen?

Wenn man wütend wird und wüten will

Ethisch sein – das hat mit dir zu tun, aber natürlich auch mit den anderen, denn wir leben nun einmal miteinander. Haben wir dich also vorhin dazu aufgerufen, zu untersuchen, wie du mit dir selbst redest, dann tun wir das jetzt in Hinblick auf deine Kommunikation mit anderen. Bleiben wir aber zuerst noch bei unserer Alltagssprache, so wie wir mit denen reden, denen wir im Laufe eines durchschnittlichen Tages begegnen. Da hat man manchmal den Eindruck, dass die Sprache wütender geworden wäre, vor allem, wenn man sich im Internet auf diversen Social-Media-Plattformen und in Foren umsieht. Die Wut sei zwar nicht mehr geworden, glauben ExpertInnen, aber weil wir gelernt haben, unsere Gefühle stärker auszudrücken und die Wut seit Bewegungen wie dem »Wutbürgertum« positiv besetzt ist, sei sie gesellschaftsfähig geworden. Nicht zuletzt trägt auch dazu bei, dass sich Staatsmänner wie Donald Trump in Wutreden ergehen und sie dadurch salonfähig machen. Personen wie er legitimieren es, Wut lautstark auszudrücken. Wut kann auch gute Seiten haben, weil sie aufzeigt, welche Themen dich berühren und beschäftigen. Außerdem kann es verbinden, miteinander wütend zu sein und auf jemanden oder etwas zu schimpfen. Und zwar auf eine praktische und angenehme Weise, weil man sich im Schimpfen ergehen kann, ohne überlegen zu müssen, was man vielleicht zur Lösung eines Missstandes beitragen könnte. Fakt ist aber auch: Wer oft und quasi chronisch wütend ist, der tut seinem Körper nichts Gutes. Es strengt ihn an und kann auf lange Sicht ernsthafte Erkrankungen zur Folge haben. Zu viel Wut ist nicht nur schlecht für deine Gesundheit – sie beeinträchtigt die Gesundheit der Menschen, die deiner Wut ausgesetzt sind.

Falls du also zu oft wütend bist, oder dich leicht von der Wut anderer anstecken lässt, bastle dir in Gedanken einen kleinen Pauseknopf. Den kannst du drücken, um kurz innezuhalten und zu überlegen, ob du wirklich einen Grund hast, wütend zu werden – oder die Wut vielleicht wegatmen kannst. In welchen Situationen wirst du wütend? Manchmal mag man jemanden nicht oder fühlt sich von dessen Verhalten gestört, weil man sich selbst dieses Verhalten nicht zuge-

steht. Wenn dich also faule Menschen fürchterlich aufregen, kann das daran liegen, dass du dir selbst manchmal gerne erlauben würdest, ein bisschen fauler zu sein. Oder deine Wut erinnert dich an eine Situation aus der Vergangenheit, in der du dich hilflos gefühlt hast – dann sage dir: Ich bin jetzt ein erwachsener Mensch, ich bin nicht hilflos, im Gegenteil, ich bin mächtig! Achte im Alltag darauf, ob ähnliche Gedanken bei dir aufkommen.
Wenn wir von Wut reden, dann vor allem über das Artikulieren der Wut, das Aussprechen: Denn Wut macht meistens nicht nur mit der Person etwas, die sie ausdrückt, sondern auch mit denen die die »Wutdusche« abbekommen. Ich habe zum Beispiel für relativ kurze Zeit in einer Firma gearbeitet, deren Chef ein Choleriker war. Es verging kein Tag, an dem er nicht wegen irgendeiner Kleinigkeit schrie und tobte. Das war in einem Großraumbüro – also selbst, wenn man mit dem Grund seines Ärgers gar nichts zu tun hatte, die Schreierei hat man immer mitbekommen. Und ich habe gemerkt, wie es mich von Tag zu Tag mehr belastet hat. Wie sich nach einer gewissen Zeit in der Früh beim Aufstehen alles in mir zusammengezogen hat, weil ich nicht in die Arbeit gehen wollte; wie sich bei den drei Stufen hinauf ins Büro mein Magen gemeldet und mir zu verstehen gegeben hat, dass er diese Umgebung auch nicht mag. Ich wusste genau, ich musste dort weg. Kurz darauf habe ich Bewerbungen verschickt, gekündigt und einen neuen Job bekommen. Und das war eine gute Entscheidung. Man muss nämlich nicht alles aushalten können. Man darf ruhig für sich beschließen, in welchem Umfeld man sich bewegen, arbeiten und leben möchte.

Wie reden die Leute mit dir, mit denen du dich umgibst? Und wie redest du mit den Menschen in deinem Umfeld? Ist das eine wertschätzende Sprache oder verwendest du oft Schimpfwörter? Drückst du deine Unzufriedenheit aus, indem du konkret und neutral benennst, was dich stört oder beschimpfst du dein Gegenüber? Fühl in dich hinein, welchen Unterschied das macht. Natürlich kommt es auch darauf an, wie du lebst, wie die Sprache war, mit der du aufgewachsen bist und wie die Sprache ist, in der die Leute, mit denen du dich umgibst, miteinander kommunizieren, welche Begriffe sie verwenden. Lass uns noch einmal auf die Suggestionen zurückkommen – denn alles, was du sagst, kann für die anderen eine Suggestion sein. Wenn du also jemandem sagst: »Dafür bist du zu dumm« oder »Das kannst du sowieso nicht«, dann bedenke dabei immer, was das für den anderen bedeuten bzw. bei ihm auslösen kann. Er kann sich diesen Satz zur Suggestion und zum Glaubenssatz machen, der ihn dann eventuell sein ganzes Leben beeinflusst.

An der Stelle müssen wir über unsere Verantwortung, die wir als Erwachsene Kindern gegenüber haben, reden. Denn jeder Satz – alles, was wir diesen kleinen Menschen sagen – kann für sie zu ihrer Wahrheit werden, die sie möglicherweise für immer mit sich herumschleppen. Das können gute Wahrheiten sein, die stärken, aber auch schlechte Wahrheiten, die ihnen unnötig viel Ballast mit auf den Weg geben. In der Sozialpsychologie spricht man im schulischen Kontext auch vom Pygmalion-Effekt, der in vielen Experimenten nachgewiesen wurde: Erwarten zum Beispiel LehrerInnen von ihren Schützlingen gute Leistungen, beeinflussen sie dadurch deren tatsächliche Leistungen in der Zukunft. Dazu gingen Robert Rosenthal und Lenore F. Jacobson im Jahr 1965 in eine US-Volksschule und informierten Lehrkräfte darüber, dass bestimmte ihrer SchülerInnen kurz vor einem Entwicklungsschub stehen und sich im nächsten Jahr intellektuell enorm steigern würden. Diese Kinder waren zufällig ausgewählt worden. Ein Jahr später schnitten sie bei einem Intelligenztest viel besser ab als zu Beginn des Experiments – unter gleich gebliebenen Umständen. Kinder, von denen man hingegen keine große Leistungssteigerung erwartet hatte, blieben auf ihrem anfänglichen Intelligenzniveau. Die Erwartungen ihnen gegenüber und die Unterstützung, die aufgrund dieser Erwartungen geleistet oder eben nicht geleistet wurde, haben sich ausgewirkt. Noch stärker ist dieser Effekt übrigens zu beobachten, wenn es um Kinder aus benachteiligten oder stigmatisierten Gruppen geht und Lehrkräfte hier auf ein angeblich hohes Potenzial hingewiesen werden. Genauso zum Tragen kommt die negative Variante dieses Phänomens, der Golem-Effekt: Wird von SchülerInnen wenig erwartet, verhalten sich Lehrkräfte entsprechend, beeinflussen das Selbstvertrauen der Kinder und verhindern dadurch eine bestmögliche Entwicklung.

Vor einiger Zeit hat das Video eines Amerikaners die Social-Media-Welt entzückt: Darin sieht man einen Vater, der mit seiner kleinen Tochter vor dem Spiegel steht und ihr bestimmte Sätze vorsagt, die sie nachsagen soll. »Say: I am strong«, sagt der Papa; »I am strong«, sagt das Mädchen nach. »Say: I am smart«, sagt der Papa; »I am smart«, sagt das Mädchen. »I am amazing«, spricht der Dad vor; »I am amazing«, sagt seine Tochter. »I am respectful«, sagt er vor; »I am respectful«, spricht ihm das Mädchen nach. So geht das noch eine ganze Weile weiter. Und beim Ansehen wünscht man sich ein bisschen, dass mehr Kinder mit solchen Sätzen groß werden dürften, um dann entspannt und gestärkt durch ein Leben voller Leichtigkeit zu gehen. Nicht zuletzt ist unter anderem ihre Art, ihr Leben zu führen mit entscheidend, welche genetischen Anlagen in ihnen aktiv werden und welche nicht.

Anregung: Wie hätte man mit dir reden sollen?

Wir bitten dich jetzt wieder Stift und Papier zur Hand zu nehmen und dich im Automatischen Schreiben zu üben – also den Wecker zu stellen und aufzuschreiben, was dir in den Sinn kommt. Versetz dich dafür zurück in deine Kindheit. Wie hat man mit dir geredet? Was waren die Sätze, die dich geprägt haben? Welche gelten noch immer für dich? Von welchen möchtest du dich verabschieden? Welche Worte und Sätze hättest du gerne gehört? Kannst du sie dir jetzt sagen?

Leben und leben lassen

»I am respectful« – der Satz, der auch in dem angesprochenen Video vorkommt, ist einer der Schlüsselsätze, finden Tobias und ich. Das im alltäglichen Leben umzusetzen fällt uns offenbar schwer. Denn wir vergessen oft, dass die Welt für andere nicht genauso funktioniert wie für uns selbst. Wir schließen viel zu schnell von »Ich seh das so« auf »Für dich muss das auch gelten«. Dabei lassen wir außer Acht, dass Menschen unterschiedlich sind. Wir sind alle Individuen. Und nur, weil man für sich selbst entschieden hat, dass das Leben auf die oder jene Weise gut und erfüllend ist, muss das für jemand anderen noch lange nicht gelten. Vielleicht habe ich gerne Familie, andere genießen ihr Singleleben. Vielleicht arbeite ich gern viel, andere lieben es, richtig viel Zeit zur freien Verfügung zu haben und finden es in Ordnung, weniger Geld zu verdienen. Vielleicht bin ich gern viel auf Reisen, andere sind am liebsten zu Hause. Vielleicht halte ich es für meine Pflicht, mich ehrenamtlich für die Gesellschaft zu engagieren, andere fokussieren sich lieber ganz auf ihr Privatleben. Vielleicht nehme ich mein Hobby richtig ernst und erfülle gern jede Verpflichtung, die damit zusammenhängt, andere gehen mit Beschäftigungen in ihrer Freizeit lockerer um. Du weißt natürlich, worauf wir hinauswollen – auf etwas, das wir alle versuchen könnten, zu unserem Kategorischen Imperativ zu machen, weil es uns allen richtig guttäte, nicht ständig alles und jeden zu bewerten – und umgekehrt nicht ständig bewertet zu werden. Das ist nämlich ganz schön anstrengend und nicht gerade entspannend –

also auch unserer Gesundheit nicht zuträglich. Ein persönlicher kategorischer Imperativsatz könnte lauten:

> “ *Ich erkenne an, dass die Menschen um mich herum vollkommen unterschiedlich sind. Und die Dinge, die für mich gelten, nicht auch für sie gelten müssen. Und ich fordere ein, dass man mir meine Wahrheit über mein Leben zugesteht.*

Der originale Kategorische Imperativ, so wie er auf den Philosophen Immanuel Kant zurückgeht, lautet: »Handle nur nach derjenigen Maxime, durch die du zugleich wollen kannst, dass sie ein allgemeines Gesetz werde.« Als kategorischen Imperativ beschreibt er ein Vernunftgesetz, das als Handlungsanleitung dienen und Orientierung geben soll. Roger Scruton erklärt in seinem Buch zu Kant: »Kant sah seine erste Formulierung des Kategorischen Imperativs als die philosophische Grundlage der berühmten goldenen Regel an, dass wir so handeln sollen, wie wir wollen, dass an uns gehandelt wird.« Und diese Regel begegnet einem in der Bibel genauso wie in asiatischen Weisheitsschriften. Zu Recht, wie wir finden. Also, was findest du so wichtig, dass es wert ist, eine goldene Regel zu werden?

Anregung: Das mit der Stopptaste

Geh heute wieder sehr bewusst durch den Tag. Und überleg dir bei allem, was du aussprichst, ob es dem Grundsatz: »Leben und leben lassen« entspricht. Wenn dir also etwas auf der Zunge liegt, das dem widerspricht, drück diese Stopp- oder Pausetaste, halte kurz inne und überprüfe, wie du das, was du gerade sagen wolltest, vielleicht anders ausdrücken könntest – oder ob du es überhaupt aussprechen willst.

Was Tobias und ich damit nicht sagen wollen, ist, dass du zu nichts mehr deine Meinung äußern oder keine Grenzen setzen darfst. Überhaupt nicht – in Freundschaften, Partnerschaften und Familienangelegenheiten ist es wichtig, dass du manchmal aussprichst, was du denkst oder dich für eine Ansicht bedankst und klarstellst, dass sie für dich nicht gilt – wenn du es wertschätzend machst. In unseren Freundeskreisen beobachten Tobias und ich zum Beispiel immer wieder, dass neue Partner oder PartnerInnen von anderen nicht besonders gemocht werden, weil man manchmal den Eindruck hat, sie täten dem Freund oder der Freundin nicht gut. Dann kann man das natürlich ansprechen, indem man die Person fragt, ob es ihr gut geht in der Beziehung.

Oft geht es also um die Frage, ob und wie du etwas aussprechen möchtest. Wir möchten dir dazu gerne noch eine Übung und dann eine ganz alte Vorgehensweise mit drei Sieben aus der Philosophie vorstellen, die deinen Alltag und den der Menschen in deiner Umgebung nachhaltig verändern können – denn die Frage ist eben: Was musst und willst du wirklich aussprechen und wie?

Anregung: Meine rote Liste

Oft hilft es, Dinge zu verschriftlichen, um sie sich bewusster zu machen. Deshalb wollen wir dich jetzt dazu anregen, dir eine Art rote Liste anzulegen. Also eine Liste, auf die du Begriffe und Wörter schreibst, die du dir gerne abgewöhnen möchtest und die du in Zukunft lieber seltener oder gar nicht mehr verwenden möchtest. Mache dir immer wieder bewusst, wie die Sprache sein soll, in der du kommunizierst.

Die drei Siebe

Was wir hier beschreiben stammt von Sokrates und wäre es aus der Sicht von Tobias und mir wirklich wert, öfter bedacht zu werden:

> “ *Zum weisen Sokrates kam einer gelaufen und sagte: »Höre, Sokrates, das muss ich dir erzählen!«*
>
> *»Halte ein!« unterbrach ihn der Weise, »hast du das, was du mir sagen willst, durch die drei Siebe gesiebt?«.*
>
> *»Drei Siebe?«, fragte der andere voller Verwunderung.*
>
> *»Ja, guter Freund! Lass sehen, ob das, was du mir sagen willst, durch die drei Siebe hindurchgeht: Das erste ist die Wahrheit. Hast du alles, was du mir erzählen willst, geprüft, ob es wahr ist?«*
>
> *»Nein, ich hörte es erzählen und …«*
>
> *»So, so! Aber sicher hast du es im zweiten Sieb geprüft. Es ist das Sieb der Güte. Ist das, was du mir erzählen willst, gut?«*
>
> *Zögernd sagte der andere: »Nein, im Gegenteil …«*
>
> *»Hm«, unterbrach ihn der Weise, »so lasst uns auch das dritte Sieb noch anwenden. Ist es notwendig, dass du mir das erzählst?«*
>
> *»Notwendig nun gerade nicht …«*
>
> *»Also, sagte lächelnd der Weise, »wenn es weder wahr noch gut, noch notwendig ist, so lass es begraben sein und belaste dich und mich nicht damit.«*

Okay, wir finden, das war wieder ganz schön viel Input. Berufe zu all dem nun dein Inneres Parlament zu einer Sitzung ein:

Sitzung des Inneren Parlaments

- *Tagesordnungspunkt:* Festlegen eines Verordnungsvorschlages, um zu entscheiden, nach welchen Werten du kommunizieren willst.
- *Anwesend:* der Innere Kommunikationschef, das Innere Gewissen, die Innere Vernunft, das Innere Bauchgefühl, der Innere Allessager, die Innere Zurückgezogene, die Innere Ehrlichkeit, die Innere Güte, der Innere Großzügige;
- *Fragestellung:*
  - Wie kann ich achtsam mit meiner Sprache umgehen?
  - Wie kann ich mir immer wieder vor Augen führen, dass wir alle unterschiedlich sind?
  - Welche Werte sind es, die für mich wichtig sind, die sich auch in der Art, wie ich kommuniziere, ausdrücken sollen?

Was besprechen deine Inneren ParlamentarierInnen? Welche konkreten Dinge verordnen sie dir vorübergehend?

“ *Ich verordne mir für den Zeitraum von zwei Wochen (oder einen anderen beliebigen Zeitraum) folgende Dinge in Bezug auf meine Sprache anderen gegenüber:*

6. Lass dir das für den Job gesagt sein

Warum man nicht nicht über die Kommunikation im Job reden kann

Das mit der Kommunikation kann manchmal ganz schön schwierig sein in der Praxis, auch wenn wir vielleicht theoretisch ganz viel darüber wissen, was gute Kommunikation, gute Gespräche ausmachen würden. Zum Beispiel dass man nach dem Vier-Seiten-Modell einer Botschaft von Friedemann Schulz von Thun immer mitbedenken sollte, dass eine Nachricht verschiedene Informationen enthält und es auch auf den Empfänger, die Empfängerin ankommt, wie diese verstanden wird. Oder dass es wichtig ist, dass Kritik konkret ausgesprochen wird, man wertschätzend bleibt und immer ausdrückt, wie man sich fühlt und sich nicht in verallgemeinernden Vorwürfen ergeht. Und trotzdem geht im beruflichen Umfeld viel schief – da wird die E-Mail als Angriff verstanden, obwohl sie nicht als solcher gedacht war oder Missverständnisse entstehen, weil man zu unklar oder zu wenig miteinander redet – oder zu viel schreibt und zu wenig miteinander spricht. Oft wird auch übereinander statt miteinander gesprochen. Dazu gibt es eine spannende aktuelle Studie, die zeigt, dass Schweigen Menschen am meisten belastet. Die Fakultät für Psychologie Basel wollte gemeinsam mit der Purdue University in Indiana in den USA herausfinden, was Belastungen erträglicher machen könnte, die durch eine Absage bei einem Auswahlverfahren entstehen. Und da haben sie entdeckt, dass selbst eine sehr unfreundliche Absage für die TeilnehmerInnen weniger schlimm war als Schweigen – es geht also auch im Beruf oft um die Aufmerksamkeit. Die StudienautorInnen meinen deshalb, dass vor allem Personalverantwortliche und Führungskräfte das in ihrem täglichen Handeln berücksichtigen sollten. Angestellte sind langfristig gesehen zufriedener, wenn man berechtigte Kritik an ihrer Arbeit ausspricht, als wenn sie gar kein Feedback bekommen. Diese Art von sozialer Zurückweisung kann genauso schlimm sein, wie wenn MitarbeiterInnen Aggressionen oder Mobbing ausgeliefert wären. Genauso wie sich in einem schulischen Umfeld der schon angesprochene Pygmalion-Effekt zeigt, gibt es im beruflichen Kontext ein Pendant dazu, das ähnlich funktioniert – den Galatea-Effekt. In der positiven Variante haben hohe Leistungserwartungen von Vorgesetzten einen stärkenden Einfluss auf die eigenen Erwartungen. Das führt dazu, dass man sich selbst mehr fordert und wie bei einer Self-Fulfilling-Prophecy seine Leistungen tatsächlich steigern kann. Dummerweise funktioniert das natürlich auch in die andere Richtung – sind Vorgesetzte davon überzeugt, man könne wenig schaffen, überträgt sich das auf die eigene Erwartungshaltung und hindert einen so am großen Erfolg.

Nach welchen Werten will man also mit seinen KollegInnen oder MitarbeiterInnen umgehen und wie möchte man, dass diese mit einem umgehen? Halte diese Überlegungen fest, um sie in einer nächsten Sitzung deines Inneren Parlaments berücksichtigen zu können.

Anregung: So kommuniziere ich im Job

Sei wieder für ein paar Tage DetektivIn und beobachte dich in deiner beruflichen Umwelt. Wie kommunizierst du mit deinen KollegInnen? Beginnen deine E-Mails mit einer höflichen Ansprache und haben am Ende einen Gruß? Wie formulierst du Wünsche, verteilst Aufgaben, nimmst Kritik an? Wie oft äußerst du, was du gut findest, wie oft sprichst du Lob aus? Und wie redet man mit dir? Schreibe auf, was dir auffällt. Was sind deine fünf wichtigsten Erkenntnisse über deine Kommunikation im beruflichen Umfeld?

Du kannst dich auch auf der Leinwand beobachten, wenn du diese Art der Übung magst. Setze oder lege dich an einen ruhigen Ort, an dem du dich wohlfühlst. Sorge dafür, dass du nicht gestört werden kannst. Schließe deine Augen. Jetzt nimm ein paar tiefe Atemzüge.

Mit jedem Einatmen nimmst du auf, was dir guttut.
Bei jedem Ausatmen lässt du los, was du nicht mehr brauchst.
Lass deinen Atem ruhig weiterfließen.
Und jetzt stell dir vor, du hast eine riesengroße Leinwand vor dir.
Vielleicht sitzt du im Kino.
Vielleicht auf einer großen Wiese.
Vielleicht ist deine Leinwand am Himmel angebracht.
Auf dieser Leinwand siehst du jetzt dich.
Einen ganz durchschnittlichen Arbeitstag in deinem Leben.
Eine durchschnittliche Woche.
Einen durchschnittlichen Monat.

Wie siehst du dich im Job?
Was sagst du?
Wie sagst du es?
Sprichst du Dinge an, die du gut findest?
Äußerst du konstruktive Kritik?
In welchen Situationen findest du nicht den richtigen Ton?
Sieh dir alles in Ruhe an.

Und jetzt gehe weiter zurück in deinem Arbeitsleben.
Wie hat sich die Art, wie du im Beruf mit anderen kommunizierst, verändert?
Komm jetzt langsam wieder ins Heute.
Welche Aktivitäten haben heute Platz in deinem Leben?
Was tust du, das dir Lebendigkeit verleiht?
Nimm wahr, wie viel gute Kommunikation da ist. Freu dich darüber.

Und jetzt nimm wieder ein paar tiefe Atemzüge.
Streck dich, wenn du magst.
Mach dich ganz groß.
Und dann komm erholt und frisch zurück ins Hier und Jetzt.

Ganz alte Siebe

Wir haben schon über die Wut und das Wut-Ausdrücken gesprochen. Das betrifft natürlich auch den Job-Kontext, denn manchmal können uns Situationen, KundInnen, GeschäftspartnerInnen, ChefInnen oder KollegInnen ganz schön zur Weißglut treiben. Ruf dir also wieder die Stopptaste-Übung und die drei Siebe in Erinnerung, vielleicht können sie dazu beitragen, deinen Berufsalltag zu entspannen. Wir können es nicht oft genug sagen: Entspannung macht gesund, weil weniger vom Stresshormon Cortisol in deinem Körper ist.

Manchmal entwickelt sich eine im ersten Ärger zu schnell abgeschickte E-Mail zu einem Schneeball, der dann mehr mitreißt, als notwendig gewesen wäre. Bevor du also das nächste Mal – falls du das kennst – eine E-Mail abschickst, die deine Wut ausdrückt, denk an deine Stopptaste und halte noch einmal inne. Vielleicht speicherst du sie in deinen Entwürfen, machst eine Pause oder schläfst noch einmal darüber und entscheidest dann – wenn die erste Wut ein bisschen verraucht ist – ob du sie noch immer abschicken willst. Du kannst überprüfen, ob du das, was du gerade geschrieben hast, auch in einem persönlichen Gespräch sagen würdest. Wenn du es der Person nicht direkt sagen würdest, warum möchtest du es ihr dann schreiben? Oder um es ein weiteres Mal mit Sokrates zu sagen: Wem nützt das?

Wenn du mit jemandem in einen Konflikt gerätst, kannst du auch die folgende Schreibübung ausprobieren.

Anregung: Die Reporterübung

Es gibt einen Konflikt. Du bist beteiligt, eine andere Person ist beteiligt. Schreibe als erstes aus deiner Perspektive auf, was passiert ist und wie du dich fühlst.

Danach versuche dich in die Lage der anderen Person zu versetzen und berichte von der kritischen Situation aus ihrer Sicht. Schreib wieder in Ich-Perspektive darüber.

Und als drittes stell dir vor, du bist ReporterIn einer großen Tageszeitung, hast alle Fakten zu dem Sachverhalt bereits recherchiert und berichtest neutral darüber, was passiert ist.

Was du dann noch versuchen kannst, ist, die Geschichte einem Freund, oder einer Freundin zu erzählen. Überlege, wem du dich anvertraust, der aufgebrachte Ton eines Cholerikers wird dir nicht dienlich sein. Ein wohlwollendes Zuhören kann aber dabei helfen, noch gelassener zu werden. Durch diese Übung kannst du dich also von deinen negativen Gefühlen leichter distanzieren und die Dinge weniger wichtig nehmen. Und dieser Zustand wird es dir eher ermöglichen, mit der anderen Person eine Lösung oder Frieden zu finden.

Es fällt uns grundsätzlich leichter, Wut und Ärger auszudrücken, als Lob. Es fällt uns schwer anzusprechen, wenn wir etwas gut finden, wenn uns jemand beeindruckt. Warum eigentlich? Wie könnte sich dein Arbeitsalltag verändern, wenn du das öfter machen würdest? Die folgende Übung könnte dir dabei hilfreich sein, das herauszufinden.

Anregung: Ah, wie schön!

Nimm dir wieder einen bestimmten Zeitraum vor. Vielleicht nur einen Tag, vielleicht eine ganze Woche. Und dann versuche jedes Mal, wenn in deiner Arbeit etwas Gutes passiert – ein nettes Wort fällt, du erfolgreich bist in dem, was du tust, was auch immer – dir selbst und anderen gegenüber auszusprechen: »Ah, wie schön!« oder »Ah, wie toll!« Du kannst in der Wortwahl natürlich kreativ sein, schließlich wollen wir nicht, dass du dir wie ein Papagei vorkommst. Aber achte darauf, es jedes Mal zu äußern, wenn du etwas gut findest. Die guten Dinge übersehen wir nämlich oft und noch seltener sprechen wir aus, dass etwas gut ist.

Anregung: So soll das sein

Wir möchten dich hier dazu anregen, noch genauer darüber nachzudenken, wie an einem für dich perfekten Arbeitstag miteinander geredet wird. Deshalb nimm wieder Stift und Papier, vielleicht ein schönes Notizbuch, und stelle dir den Alarm auf zehn Minuten. Als Überschrift für diese Runde Automatisches Schreiben notiere dir »Kommunikation im Job« und jetzt lass deine Gedanken zu diesem Thema fließen und schreibe sie nieder – ohne abzusetzen, ohne wirklich nachzudenken, ohne dich selbst zu zensurieren.

So ein Arbeitstag könnte schön sein, oder? Berufe jetzt bitte wieder dein Inneres Parlament ein. In der kommenden Sitzung soll es um deine Werte in der beruflichen Kommunikation gehen.

Sitzung des Inneren Parlaments

- *Tagesordnungspunkt:* Festlegen eines Verordnungsvorschlages, um zu entscheiden, nach welchen Werten du in der Kommunikation mit deinen KollegInnen, KundInnen, GeschäftspartnerInnen, KlientInnen ... leben willst.
- *Anwesend:* der Innere Kommunikationschef, das Innere Gewissen, die Innere Vernunft, das Innere Bauchge-

fühl, der Innere Allessager, die Innere Zurückgezogene, die Innere Ehrlichkeit, die Innere Güte, der Innere Großzügige;

- *Fragestellung:*
  - Wie kann ich im beruflichen Umfeld achtsam mit meiner Sprache umgehen?
  - Wie kann ich auf eine wertschätzende Weise einen respektvollen Umgang mit mir einfordern?
  - Was will ich öfter an- und aussprechen, was seltener?

Was sagen deine Inneren ParlamentarierInnen? Wie willst du künftig in deinem Berufsalltag kommunizieren und welche konkreten Dinge verordnet dir dein Inneres Parlament vorübergehend?

“ *Ich verordne mir für den Zeitraum von zwei Wochen (oder einen anderen beliebigen Zeitraum) folgende Dinge in Bezug auf meine Sprache im Job:*

Gesagt ist gesagt

In einigen Berufssparten ist es noch wichtiger, sich darüber Gedanken zu machen, was man wie kommuniziert als in anderen – und zwar wenn es um die Arbeit mit Menschen geht. Wir meinen zum Beispiel LehrerInnen, die durch ihre Sprache ihre SchülerInnen entscheidend prägen, aber auch alle, die mit Medizin und unserer Gesundheit zu tun haben. Tobias erzählt gerne, dass eine der gängigsten Suggestionen, die wir immer wieder unbedacht zueinander sagen, auch die Gesundheit betrifft, nämlich: »Ohje, du siehst aber schlecht aus!« Das macht etwas mit der Person, zu der es gesagt wird, so wie jede Diagnose eines Arztes, einer Ärztin und jede Einschätzung eines möglichen Krankheitsverlaufes. »Alles, was wir im Gespräch aufnehmen und im Gedächtnis speichern, verändert unsere neuronalen Netzwerke«, erklärte Schmerzpsychologe Karl Isak in einer medizinischen Fachzeitschrift. Die kommunikative Begegnung zwischen Arzt, Ärztin und Patient, Patientin sei Teil des Heilungsprozesses, schreibt auch Kommunikationswissenschaftler Maximilian Gottschlich in »Medizin und Mitgefühl«. Also reden wir hier noch einmal über Placebo- und Noceboeffekte und erinnern uns an die Wirkung des Satzes »Dieses Medikament wird Ihnen helfen« von Émile Coué. Denn die Art und Weise, wie der/die MedizinerIn mit PatientInnen redet, kann enormen Einfluss darauf haben, wie eine Krankheit verläuft, wie Medikamente vertragen werden oder wie man auf eine Therapie anspricht. Keine Behandlung ist frei von Placeboeffekten. Wenn man sich allerdings Messungen vor Augen führt, die zeigen, dass in einem ärztlichen Gespräch der/die PatientIn schon nach dreiundzwanzig Sekunden vom Arzt, von der Ärztin unterbrochen wird, dann könnte man sich fragen, wie viel eines möglichen Therapieeffektes durch unbedachte Worte oder zu wenig Worte ungenutzt bleiben, weil MedizinerInnen in unserem aktuellen System unter hohem zeitlichen Druck stehen.

So wie ein guter Arzt, eine aufmerksame Ärztin mit den richtigen Worten, also zum Beispiel einer Formulierung wie »Dieses Medikament hat schon bei vielen PatientInnen eine gute Wirkung gezeigt« den Therapieerfolg tatsächlich steigern kann, so scheinen ihn andere Formulierungen auch bremsen zu können. Besonders schwierig ist die Kommunikation, wenn es um die Besprechung ernster Befunde und Erkrankungen geht. Dann geht es nämlich einerseits um eine ehrliche Aufklärung und andererseits darum zu vermeiden, dass sich durch eine zu pessimistische Schilderung Noceboeffekte einstellen – also dass man eine zu negative Erwartungshaltung heraufbeschwört, die den Krankheitsverlauf mitbeeinflusst. Zugeschrieben wird der Noceboeffekt einer Aktivierung des Neurotransmitters Cholezystokinin und der

Deaktivierung des dopaminergenen Systems. Fakt ist: Unachtsame Bemerkungen über Komplikationen oder schlimme Nebenwirkungen können Befürchtungen und Reaktionen wecken, die nicht gut für die Therapie sind und ihre Erfolge schmälern können.

Wozu Tobias und ich hier also aufrufen wollen, ist, sich dessen bewusst zu sein. In seinen täglichen Gesprächen. In Gesprächen, in denen wir mit anderen über unseren oder deren Gesundheitszustand sprechen. In Gesprächen, die wir mit KlientInnen und PatientInnen führen. In Gesprächen, die Ärzte und Ärztinnen mit uns führen. Oder in Gesprächen, die wir mit Bekannten, FreundInnen oder Verwandten führen, die eine ernste Diagnose bekommen haben. Vielleicht auch so eine, die einem für kurze Zeit den Boden unter den Füßen wegreißt. Nur zu gerne leben wir so, als könnte uns nichts passieren, als könnte denen, die wir lieben, nichts passieren. Leider ist das nicht so. Immer wieder passieren Dinge, die uns ohnmächtig werden lassen, uns leiden lassen, uns richtig weh tun. Wer willst du in dieser Situation sein? Bist du die Person, die sich in die schlimmsten Befürchtungen hineinsteigert oder die, die bei allem Realismus ermutigend sein kann? Bist du die, die die Welt in der Sekunde verteufelt und verbittert wird oder die, die sich erinnert, dass es trotzdem jeden Tag irgendwo versteckt kleine Momente der Freude gibt, und die weiß, dass es gerade in schwierigen Zeiten umso wichtiger ist, auch dort hinzusehen, weil das Momente sind, die dem Immunsystem guttun? Wer willst du sein?

Anregung: Meine Erfahrungen mit Gesundheit und Krankheit

Es wird wieder Zeit zum Schreiben für dich: Diesmal überleg bitte, welche Erfahrungen du im Gesundheitsbereich gemacht hast. Wie hat man mit dir geredet? Wie hättest du gerne, dass man mit dir redet? Wie redest du mit anderen über Gesundheit oder Erkrankungen? Welche Erfahrungen aus deinem Umfeld sind dir präsent und was hast du daraus mitgenommen? Stell dir wieder den Alarm für zehn Minuten, erinnere dich, dass du alles, was dir in den Sinn kommt, niederschreiben kannst.

Danach wird es Zeit, eine Sitzung des Inneren Parlaments einzuberufen.

Sitzung des Inneren Parlaments

- *Tagesordnungspunkt:* Festlegen eines Verordnungsvorschlages, um zu entscheiden, wie du bei gesundheitlichen Themen kommunizieren willst.
- *Anwesend:* der Innere Kommunikationschef, das Innere Gewissen, die Innere Vernunft, das Innere Bauchgefühl, die Innere Zurückgezogene, die Innere Ehrlichkeit, die Innere Güte;
- *Fragestellung:*
  - Wie kann ich achtsam mit den Menschen in meinem Umfeld reden, wenn es um Gesundheitsthemen geht?
  - Wie kann ich für mich selbst die Wirkung von Placeboeffekten nutzen, wie die von Noceboeffekten verringern?

Lass deine Inneren ParlamentarierInnen jetzt ein bisschen diskutieren. Zu welchen vorübergehenden Verordnungsvorschlägen kommen sie?

“ *Ich verordne mir für den Zeitraum von zwei Wochen (oder einen anderen beliebigen Zeitraum) folgende Dinge in Bezug auf die Kommunikation zu Gesundheitsthemen:*

Deine Happy-Ethik-Verordnungen fürs Sagen

Lass mich hier wieder die Schriftführerin für dich sein und dir zusammenfassen, was du in Bezug auf das Reden und Aussprechen in deinem Leben als Verordnungsansätze für deine Happy Ethik bedenken und ausprobieren kannst. Schreib dir selbst noch einmal zusammen, was du dir vorgenommen hast und notiere erste Erfahrungen, wie gut es dir gelingt, deine Verordnungen auszuführen:

Die So-will-ich-mit-mir-reden-Verordnung:
Ich habe mir für den Zeitraum von zwei Wochen (oder einen anderen beliebigen Zeitraum) verordnet, folgende Dinge in Bezug auf die Sprache und Aussagen mir gegenüber zu tun:
Meine Erfahrungen damit:

Die Autosuggestions-Verordnung:
Ich habe mir für den Zeitraum von zwei Wochen (oder einen anderen beliebigen Zeitraum) folgende Dinge in Bezug auf Sätze, die ich für wahr halte und Dinge, die ich über mich sage, verordnet:
Meine Erfahrungen damit:

Die So-rede-ich-mit-anderen-Verordnung:
Ich habe mir für den Zeitraum von zwei Wochen (oder einen anderen beliebigen Zeitraum) folgende Dinge in Bezug auf meine Sprache anderen gegenüber verordnet:
Meine Erfahrungen damit:

Die So-will-ich-im-Beruf-reden-Verordnung:
Ich habe mir für den Zeitraum von zwei Wochen (oder einen anderen beliebigen Zeitraum) folgende Dinge in Bezug auf meine Sprache im Job verordnet:
Meine Erfahrungen damit:

Die So-will-ich-über-Gesundheit-kommunizieren-Verordnung:
Ich habe mir für den Zeitraum von zwei Wochen (oder einen anderen beliebigen Zeitraum) folgende Dinge in Bezug auf die Kommunikation zu Gesundheitsthemen verordnet:
Meine Erfahrungen damit:

Happy Denken

Wer willst du sein und was willst du denken? Über dich, dein Leben, die anderen, dein Arbeitsleben, die Zukunft, die Vergangenheit? Was kann dein Denken dazu beitragen, dass es dir gut geht? Wie kannst du es schaffen, deine Gedanken so auszurichten, dass dein Leben leichter ist und dich das gesund macht? Welche Werte sollen in Bezug auf dein Denken gelten? Wir reden auf den nächsten Seiten davon, wie deine Gedanken deine Zellen beeinflussen, regen dich dazu an, zu überprüfen, ob wirklich alles wahr ist, was du denkst und erklären, warum du dir selbst nicht alles glauben solltest.

7. Über die Gedanken nachdenken

Dir ist inzwischen natürlich klar, wonach wir die Teile dieses Buches gegliedert haben. Es geht um die Gedanken, Worte und Werke, die schon die Bibel kennt – also das Denken, das Sagen und das Tun, nur in umgekehrter Reihenfolge. Lass uns also jetzt über die Gedanken reden und uns gleich zu Beginn dieses Teils von sehr spannenden Forschungsergebnissen berichten. Man kann nämlich inzwischen sogar auf Zellebene zeigen, dass deine Gedanken deinen Körper bzw. Vorgänge in deinem Körper beeinflussen. Der Placeboeffekt lässt sich messen und durch die moderne Neurowissenschaft erklären – funktionelle Kernspinuntersuchungen zeigen eindeutig, dass sich die Hirnaktivität bei Placebos auf eine ähnliche Art verändert wie bei einem echten Medikament. Außerdem weiß man heute, dass die Weise, wie man Schmerz empfindet, durch Gedanken verändert werden kann. Das konnte man zum Beispiel bei PatientInnen mit schwerer Migräne nachweisen – dort haben sich durch das chronische Erleben des Schmerzes die Größe der schmerzverarbeitenden Regionen und die Verschaltungsmuster im Gehirn verändert. Wie viel und wie man Schmerz erlebt, verändert also die Struktur im Gehirn und jeder Gedanke, den man denkt, löst eine Reaktion aus. In jeder Zelle kommt an, ob man Angst, Schmerz, Schuld, Nervosität oder Glück und Freude empfindet. Wer also seine Zellen langfristig mit Neurotransmittern (Botenstoffen) negativer Gedanken bombardiert, reagiert irgendwann mit Stress.

Bei all dem wird ein uralter Mechanismus in uns aktiv: der, der bei negativen und ängstlichen Gedanken Flucht auslöst und alles andere ausblendet, also unseren Blick für Möglichkeiten einschränkt. Vor langer Zeit war das hilfreich – als unsere Urururururahnen in Wäldern unterwegs waren, ein Knacken im Gestrüpp ängstliche Gefühle bei ihnen auslöste und sie alles andere ausblendeten, um sich darauf zu fokussieren, möglichst schnell vor dem Bären davonlaufen zu können. Da war es sinnvoll, dass negative Gedanken und Gefühle ihr Spektrum einschränkten. Um Leben oder Tod geht es heute aber in den seltensten Fällen. Und trotzdem haben negative Gedanken noch immer dieselbe Wirkung: Das Möglichkeitsspektrum engt sich ein. Bei negativer Gefühlslage erkennt man die positiven Handlungsvarianten nicht mehr. Negative Gedanken können als Stressoren wirken – und das zieht einen Rattenschwanz an chemischen Prozessen in deinem Körper nach sich. Im Hypothalamus wird mehr von einem Hormon (Corticotropin-Releasing-Hormon) produziert, das wiederum eine vermehrte Ausschüttung des Stresshormons Cortisol in der Nebennierenrinde bewirkt. Gleichzeitig werden Noradrenalin und Adrenalin ausgeschüttet. In jedem gesunden Körper schreit dann alles nach Bewegung (du sollst ja dem Bären davonlaufen können), powerst du dich also aus, ist alles wieder gut und dein Stresszustand ist beendet. Powerst du dich in so einem Zustand nicht aus und bist Dauerstress ausgesetzt, ohne ihm entgegenzuwirken, hat das körperliche Folgen wie zum Beispiel erhöhten Blutdruck, Muskelverspannungen, Magen-Darm-Störungen, Schlafstörungen, Potenzstörungen und so weiter. Es nicht zuzulassen, dass deine negativen Gedanken dich irgendwann dorthin führen, ist also eine Überlegung wert – dieser Kreislauf beginnt schließlich meist auf Gedankenebene.

Rechne mit dem Besten

Eine umfassende Studie aus Harvard zeigt, dass Optimistinnen länger leben. Dazu hat man die Daten von 70.000 Frauen aus den USA ausgewertet. Zu Beginn der Studie, die über mehrere Jahre lief, waren alle schon um die siebzig Jahre alt. Die meisten von ihnen hatten bereits gesundheitliche Schwierigkeiten. Sie hatten also zum Beispiel einen hohen Cholesterinspiegel, Diabetes, einen Schlaganfall hinter sich oder eine Krebsdiagnose erfahren. Was sich nach mehreren Jahren zeigte, war, dass die Frauen, die eine optimistische Lebenseinstellung hatten, ein um 38 Prozent geringeres Risiko hatten, an einer Herzkrankheit oder einem Schlaganfall zu sterben. Auch Erkrankungen, die sie schon gehabt hatten, brachen bei den Zuversichtlichen seltener wieder aus. Die WissenschaftlerInnen gehen also davon aus, dass sich die

Zuversicht positiv auf die Gesundheit der Frauen ausgewirkt hatte. Denn die Daten zeigen, dass es nicht darauf ankam, wie gesund die Studienteilnehmerinnen ihr Leben führten. Auch die weniger gesund lebenden Frauen mit großem Optimismus verstarben seltener an einer der Volkskrankheiten. Die Einstellung »Selbst in unsicheren Zeiten rechne ich mit dem Besten« wirkte sich positiv aus.

Was man neuerdings außerdem weiß, ist: Mit den Gedanken spricht man quasi mit seinen Genen. Wie die Epigenetik inzwischen zeigen kann, kannst du sie ein- oder ausschalten – je nach deinem Lebensstil. Durch die Art, wie du lebst, ob du dich bewegst, wie du dich ernährst, ob du gestresst bist oder wie es dir emotional geht – also auch wie du denkst – kannst du deine Genaktivierbarkeit, deine Veranlagung, beeinflussen.

Das Schöne an der Sache ist: Nichts ist vorherbestimmt, du hast Spielraum. All das, was wir hier aufgezählt haben, heißt: Du kannst aktiv etwas tun – durch die Art, wie du denkst. Ab heute. Durch die Art, wer du dich entscheidest zu sein. Indem du dich wichtig nimmst, weil es deiner Gesundheit guttut. Die kannst du in einem erheblichen Ausmaß selbst beeinflussen – auf eine einfache, jedem zugängliche Art und Weise. Denn veränderst du dein Denken, veränderst du deine Perspektive, dann verändert das deine Gehirnstruktur, deine Zellen und deine Gene. Damit wollen wir dir keine Bürde auferlegen, nach dem Motto »Oh Gott, ich bin an allem selbst schuld«. Nein, denn auch wenn viel beeinflussbar ist, nicht alles ist beeinflussbar und was das Leben so alles an Herausforderungen parat hat, weiß niemand. Noch wollen wir dir weißmachen, dass einzig und allein deine Art zu denken alles verändern kann. Es braucht auch entsprechende Handlungen oder wohlwollende Menschen dazu. Wir wollen aber, dass du dir bewusst wirst, dass du ganz viel zu einem gesunden Leben beitragen kannst, indem du dich gut um dich kümmerst. Du hast Spielraum.

Du bist nicht hilflos und nicht ausgeliefert. Und das ist ein guter Gedanke.

Raus aus der Grübelspirale!

Sorgsam mit seinen Gedanken umzugehen ist, wie man es auch dreht und wendet, ein wesentliches Gesundheitsrezept. Wir neigen allerdings eher dazu, sorgenvoll zu sein. Ganz schnell können wir ins Grübeln geraten, in der Psychologie auch »Rumination« genannt – ein Begriff, der eigentlich das Wiederkäuen bei Kühen bezeichnet. Wir sorgen uns um ein bestimmtes Problem, um uns selbst, um unsere Zukunft, um andere. Sind frustriert, weil andere undankbar sind, sich der Einsatz für die Familie oder den Job nicht gelohnt hat. Gründe und Anlässe zum Zweifeln und Grübeln finden wir genug. Sämtliche Negativszenarien vermag unser Geist dann durchzuspielen. Sämtliche schlimme Folgen dieser oder jener Sache können wir uns ausmalen. Wir spielen Varianten vergangener Ereignisse durch und viele »Hätte ich doch nur so und nicht anders gehandelt, dann wäre …«-Gedanken beschäftigen uns. Und oft lässt uns das schlecht schlafen. Verlieren wir uns länger in solchen Grübeleien und lassen zu, dass handfeste chronische Ängste daraus werden, dann sorgt das wieder für jede Menge Stress in unserem Körper, der sich in Form von Infektionen oder Herzbeschwerden zeigen kann. Noch einmal wollen wir hier auf den Nocebo-Effekt hinweisen, weil man sich Erkrankungen durch seine Erwartungshaltung eben nicht nur herbeireden, sondern auch herbeidenken kann. Wer also beschließt, aus seiner Grübelspirale herauszutreten, würde sich entspannter und damit wohler und zufriedener fühlen und seinem Körper wirklich einen Gefallen tun. Das Blöde am Grübeln ist: Es bringt einen nicht weiter, sondern verursacht nur weitere Sorgen. Vielleicht fängt man an, noch kritischer sich selbst gegenüber zu werden oder sich abzuwerten und man wird immer negativer und negativer. Außerdem baut man damit quasi die Negativ-Nervenzellen-Autobahn im Gehirn aus.

Es ist sinnvoll, sich bewusst zu werden, ob man einfach viel nachdenkt und reflektiert ist oder ob man in einer Grübelspirale hängt, die kein Ende hat. Wenn man seine Gedanken für einige Minuten beobachtet, dann lohnt es sich, ehrlich zu fragen: Bringt mich das weiter? Wird mir durch das Nachdenken etwas klarer? Geht es mir besser? Nein? Dann können verschiedene Dinge hilfreich sein: Zum Beispiel die gute alte Ablenkung, weil sie unseren Fokus wieder ins Außen lenkt. Oder bewusste Übungen, wie man am Zentralinstitut für Seelische Gesundheit (ZI) in Mannheim nachgewiesen hat. Dort hat zum Beispiel die Anweisung, die eigenen Gedanken wahrzunehmen wie eine Welle, die kommt und wieder geht, positiv auf die Stimmung gewirkt.

Anregung: So denke ich

Vielleicht überprüfst du einmal für dich, wie viele positive und wie viele negative, sorgenvolle Gedanken du an einem durchschnittlichen Tag hast. Wir mögen die einfachen Dinge, deshalb führe für diese Übung einfach ein, zwei Tage lang eine Strichliste für dich. Stecke einen kleinen Zettel, ein Mini-Heftchen oder Ähnliches ein und halte regelmäßig inne, um Striche zu machen – auf der einen Seite für einen positiven, auf der anderen für einen negativen Gedanken. Wie ist deine Bilanz nach ein, zwei Tagen?

Wenn du magst, nimm wieder die Leinwand dazu. Setze oder lege dich an einen ruhigen Ort, an dem du dich wohlfühlst. Sorge dafür, dass du nicht gestört werden kannst. Schließe deine Augen. Jetzt nimm ein paar tiefe Atemzüge.

Mit jedem Einatmen nimmst du auf, was dir guttut.
Bei jedem Ausatmen lässt du los, was du nicht mehr brauchst.
Lass deinen Atem ruhig weiterfließen.
Und jetzt stell dir vor, du hast eine riesengroße Leinwand vor dir.
Vielleicht sitzt du im Kino.
Vielleicht auf einer großen Wiese.
Vielleicht ist deine Leinwand am Himmel angebracht.
Auf dieser Leinwand siehst du jetzt dich.
Einen ganz durchschnittlichen Tag in deinem Leben.
Eine durchschnittliche Woche.
Einen durchschnittlichen Monat.
Jeden Tag stehst du auf.

Wie geht es dann weiter?
Was denkst du in der Früh, wenn du die Augen aufmachst?
Beim Frühstück?
Unter der Dusche?
Am Vormittag?
Zu Mittag?

Beobachte dich und achte darauf, was sich in deinem Kopf tut.
Welche Gedanken hast du am Nachmittag?
Wodurch werden die guten ausgelöst?
Wodurch die sorgenvollen?
Und am Abend, was denkst du da?
Was sind deine letzten Gedanken vor dem Einschlafen?
Sieh dir alles in Ruhe an.
Nimm wahr, wie viele gute Gedanken da sind. Sei dankbar dafür.

Und jetzt nimm wieder ein paar tiefe Atemzüge.
Streck dich, wenn du magst.
Mach dich ganz groß.
Und dann komm erholt und frisch zurück ins Hier und Jetzt.

Anregung: Meine Gedanken und ich

Die Technik des Automatischen Schreibens kennst du schon – sie hilft dir, deinen Gedanken auf die Spur zu kommen. Deshalb passt sie jetzt hervorragend. Also nimm dir Stift und Papier, zehn Minuten Zeit und als Thema lass dich diesmal ein auf: »Meine Gedanken und ich« oder – wenn es dich mehr anspricht – schreib zu »Dann neige ich zum Grübeln« und komm dir selbst auf die Spur. Schreib einfach, was dir in den Sinn kommt und nimm den Stift nicht vom Papier, bis die zehn Minuten vorbei sind.

Sorgen verwandeln leicht gemacht

Tobias versucht bei seinen KlientInnen immer, die Freude am Gedankenändern zu wecken. Denn das ist eine der größten Freiheiten, die wir Menschen haben: Wir sind absolut frei darin und können selbst entscheiden, was und wie wir denken wollen. Dein Kopf gehört dir, mein Kopf gehört mir, Tobias' Kopf gehört Tobias. Was du denkst, ist deine Sache. Diese Freiheit wiederum kann ungemein entspannen, wenn wir sie nutzen. Dabei mit sich selbst großzügig zu sein ist natürlich noch besser – damit meinen wir, dass du deinen Standpunkt auch mal ändern darfst. Dass du gütig und großzügig mit dir sein darfst, indem du überlegst: »Was interessieren mich meine Gedanken von gestern?« oder dass du dir erlaubst, Gedanken zu denken, die du deiner Meinung nach nicht denken solltest. Dann erinnere dich: »Beim Denken kann mir niemand in meinen Kopf sehen.« Du hast einen eigenen Kopf, deine Gedanken gehören dir. Und zum Grübeln zwingt einen keiner. Deshalb will dir Tobias hier noch eine seiner Lieblingsübungen vorstellen, die er seinen PatientInnen in Sachen Grübeln so gerne mitgibt:

Anregung: Wünschen statt Grübeln

Wenn du an eine bestimmte Sache denkst, die dir Sorgen macht, dann versuche deine Sorgen in Wünsche umzuformulieren. Das bedeutet zum Beispiel: Wenn du ängstlich bist, dass bei der geplanten Familienfeier alles schiefgeht – dann überleg dir, was du dir wünschst: Wie stellst du dir vor, dass sie im Idealfall abläuft? Wie möchtest du gerne, dass die Stimmung ist? Wie wünschst du dir, dass du dich währenddessen fühlst? Mit welchem Gefühl möchtest du gerne, dass die Gäste nach Hause gehen? Nimm die Sorgen und wandle sie in Wünsche um – dann kannst du auch über das Morgen nachdenken, mit derselben Energie, aber auf eine Art, die dir guttut!

Sich an gute Gedanken gewöhnen

Wir wissen natürlich – wer gerade vom Grübelmonster gefangen gehalten wird, der denkt sich vielleicht »Alles leichter gesagt als getan ...« Aber wir wissen aus eigener Erfahrung, dass man sich gute Gedanken angewöhnen kann. Und wenn man sich einmal darüber im Klaren ist, dass man seinen Gedanken nicht einfach so ausgeliefert ist, ist das schon eine wertvolle Erkenntnis. Zu wütenden Gedanken zwingt einen niemand. Du kennst bestimmt die Geschichte mit dem Hammer von Paul Watzlawick. Sie ist wirklich schon alt und oft zitiert, aber wir finden, man kann sich ruhig immer wieder an sie erinnern:

> “ *Ein Mann will ein Bild aufhängen. Den Nagel hat er, nicht aber den Hammer. Der Nachbar hat einen. Also beschließt unser Mann, hinüberzugehen und ihn auszuborgen. Doch da kommt ihm ein Zweifel: Was, wenn der Nachbar mir den Hammer nicht leihen will? Gestern schon grüßte er mich nur so flüchtig. Vielleicht war er in Eile. Aber vielleicht war die Eile nur vorgeschützt und er hat etwas gegen mich. Und was? Ich habe ihm nichts angetan; er bildet sich da etwas ein. Wenn jemand von mir ein Werkzeug borgen wollte, ich gäbe es ihm sofort. Und warum er nicht? Wie kann man einem Mitmenschen einen so einfachen Gefallen abschlagen? Leute wie dieser Kerl vergiften einem das Leben. Und dann bildet er sich noch ein, ich sei auf ihn angewiesen. Bloß weil er einen Hammer hat. Jetzt reicht's mir wirklich. Und so stürmt er hinüber, läutet, der Nachbar öffnet, doch bevor er »Guten Tag« sagen kann, schreit ihn unser Mann an: »Behalten Sie Ihren Hammer, Sie Rüpel!«*

Vielleicht kennst du auch Übungen, die dazu anleiten, negative Gedanken in eine Wolke zu setzen und sie davonfliegen zu lassen. Wunderbar, wenn das für dich funktioniert. Tobias und ich finden, manchmal ist es fast noch einfacher, negative Sätze und Gedanken durch andere zu ersetzen, als zu versuchen, etwas nicht zu denken. Obwohl ich wirklich kein ängstlicher Mensch bin, hatte ich zum Beispiel einmal eine kurze Phase, in der ich mich am Abend beim Nachhausegehen in Wien ein bisschen unwohl fühlte. Aber diese »Da ist es so finster, ich bin gerade ganz allein unterwegs«-Gedanken haben mich geärgert. Und dann habe ich angefangen, immer wenn einer von ihnen aufgekommen ist zu denken:

»Ich bin beschützt.« Manchmal habe ich mir das vorgeflüstert: »Ich bin beschützt. Ich bin beschützt.« Ich habe geübt, mich selbst beobachtet und irgendwann musste ich den »Ich bin beschützt«-Gedanken nicht mehr bewusst denken, um mich sicher und beschützt zu fühlen. Das war eine sehr nützliche Übung für mich.

Das mit dem Gewöhnen an die guten Gedanken ist auch deshalb so angenehm, weil du es immer und jederzeit machen kannst. An der Supermarktkasse, wenn die Schlange sehr lang ist, kannst du an deine Geduld denken und statt »Oh Mann, wie lange dauert das eigentlich« einfach denken »Ich bin ruhig und gelassen. Ich habe jetzt Zeit, gute Gedanken zu denken«. Oder du denkst, wenn du an der U-Bahnstation oder im Wartezimmer sitzt, an den Satz von Coué: »Es geht mir jeden Tag in jeder Hinsicht besser und besser« oder »Ich liebe mich so, wie ich bin«. Wartezeiten sind ganz großartige Übungszeiten und Räume, in denen du gut mit deinen Gedanken herumprobieren kannst.

Und in Schlechtwetterzeiten?

Am leichtesten gelingt uns das achtsame Denken, wenn es uns grundsätzlich gut geht, keine Frage. Ein Seminarteilnehmer hat das mal so schön ausgedrückt, er hat gesagt: »Ich bin ein Schönwetter-Meditierer, wenn's mir gut geht, dann krieg ich das gut hin und nehm mir die Zeit dafür. Und wenn es schwieriger wird, dann wird es weniger – vielleicht auch, weil ich bei manchen Dingen gar nicht so ehrlich hinsehen mag.« Da war er ganz schön selbstkritisch und ehrlich zu sich. Und ja, es scheint nicht immer die Sonne. Nicht da draußen in der Welt und nicht in unserem Leben. Im Laufe der Jahre erleben wir immer wieder Krisen und sind Belastungen ausgesetzt. Außerdem können wir uns leicht überfordert fühlen, denn um unseren Status quo zu erhalten, müssen wir immer mehr leisten und unter einen Hut kriegen. Krisen und belastende Phasen gibt es grundsätzlich in jedem Alter – die häufigsten Gründe dafür: Scheidungen, Trennungen, finanzielle Probleme, unerfüllte Erwartungen und vor allem bei Männern auch berufliche Probleme. Einige Untersuchungen zeigen, dass die Lebenszufriedenheit zwischen vierzig und sechzig am geringsten ist. Davor ist sie höher, danach steigt sie wieder. Wie Menschen mit Krisen umgehen, ist unterschiedlich. Diejenigen, die sie gut bewältigen können, nennt man resilient. Aber in der Forschung weiß man nicht exakt, welche Faktoren dafür ausschlaggebend sind, dass die eine leichter durch Krisenphasen kommt als der andere. Interessant ist das vor allem, weil Krisen riskant für unsere psychische Gesundheit sein können. Sich in so einer Phase gut über Wasser zu halten ist also langfristig gesehen entscheidend.

Auch wenn man gerne mehr über Resilienzfaktoren und wie man sie konkret fördern kann wissen würde, ist eines immerhin schon klar: dass es darauf ankommt, welche Bedeutung man den Ereignissen beimisst und mit welcher Haltung man sie erlebt. Wenn man sich bewusst macht, dass man zwar in einer schwierigen Phase steckt, die aber vorbeigehen wird, kann das entspannen. In vielen Studien wurde herausgefunden, dass es hilfreich ist, sich zu distanzieren, also gedanklich auf Abstand zu gehen. Zum Beispiel indem man in seiner Vorstellung zehn Jahre in die Zukunft reist und sich das Ereignis, den Grund für die Krise oder sich selbst in der Krise aus der Distanz betrachtet. Wie werde ich diese Phase, dieses Erlebnis in zehn Jahren rückblickend sehen? Oder ich erzähle von dem Ereignis und rede von mir in der dritten Person. Oder ich schreibe das Ereignis auf und erzähle von außen. Ein US-Psychologenteam hat etwa StudienteilnehmerInnen gebeten, ein traumatisches Ereignis, das noch nicht lange zurückliegt, noch einmal Revue passieren zu lassen. Die einen sollten sich die Szene so vorstellen als wären sie wieder mittendrin. Die anderen hatte man dazu angeleitet, das Ereignis aus ein paar Metern Entfernung zu betrachten. Etwa als wären sie eine Fliege an der Wand. Diese Gruppe fühlte sich weniger aufgewühlt oder traurig als die andere und konnte aus dieser Perspektive leichter neue Lösungswege sehen.

Was noch hilft: Das eigene Leben betrachten und erkennen, wie viel man schon geschafft hat, welche Hürden und Krisen man bereits bewältigt hat. Zu sehen, wie viel Stärke da ist, ist genauso hilfreich wie die Tatsache, dass ein belastendes Ereignis in die Lebensgeschichte eingebettet gleich kleiner aussieht und etwas von seinem Schrecken verliert. Ich durfte so ein Aha-Erlebnis einmal in einem Kurs miterleben. Da ging es einen ganzen Tag lang um die eigene Biografie. Wir hatten unser Leben in Zeitabschnitte eingeteilt und überlegt, was welchen Abschnitt geprägt hat. Dann haben wir Collagen dazu gestaltet und einander erklärt, wofür die Bilder oder Zeichnungen stehen. Eine Teilnehmerin war eine lebensfrohe Frau, deren Beziehungen gescheitert waren, die lange Zeit einen Beruf ausgeübt hatte, der ihr keine Freude gemacht hatte und die mit einer psychisch kranken Mutter aufgewachsen war. Sie hat zwar gesehen »Oh, da war viel schwierig«, aber auch »Wow, was hab ich schon alles gemeistert! Wie viel Kraft steckt da in mir!« Manchmal kann, darf und soll man die Vergangenheit einfach wertschätzen!

Wer Kraft aus seiner eigenen Geschichte, seiner Biografie schöpfen möchte, der kann sich Zeit nehmen und sein bisheriges Leben grob einteilen, entweder in Zehnerschritte oder in Kindheit, Jugendzeit, junges Erwachsenenalter etc. Für jede Phase kann er oder sie sich fragen: Was war ein positives Ereignis in dieser Phase? Was war ein negatives Ereignis? Was war ein Ereignis, das ich gut bewältigt habe?

Traurig sein, wenn jemand geht

Wenn jemand geht und man selbst in einer Art Ausnahmezustand ist, ist das eine schwierige Lebensphase. Wenn ein geliebter Mensch stirbt, kann es als Form der Trauer ganz normal sein zu grübeln. So ein Verlust tut weh und kann qualvoll sein. Wer trauert – auch wenn das »Wie« sehr individuell ist – kann sich traurig, wütend, einsam oder ohnmächtig fühlen, kann körperliche Schmerzen empfinden, apathisch oder unruhig werden oder schlecht schlafen. Man kann sich zurückziehen oder sich wahnhaft in Arbeit stürzen, pessimistisch sein und grübeln. Auch in diesem Fall ist das für die betroffene Person – für dich, wenn du das schon erlebt hast oder gerade erlebst – schmerzhaft, belastend und alles andere als angenehm. Solche Reaktionen sind ganz normal. Diese Information kann dir helfen, wenn du in einem Trauerprozess bist. Es darf dir schlecht gehen. Es ist dein gutes Recht, dass du in so einer Situation leidest. Mit dir ist nichts falsch. Traurige Gedanken sind nicht besorgniserregend. Nur bei ungefähr 10 Prozent der Trauernden entwickeln sich aus der Trauer anhaltende Störungen. Bei 90 Prozent gehören diese Reaktionen zu einem ganz normalen Prozess, zu einer Phase, die einige Monate dauern kann, deren Symptome sich aber wieder legen und die für die Verarbeitung des Verlusts wichtig sind. Also lass dich nicht stressen, wenn Bekannte oder KollegInnen meinen, es müsse dir längst wieder besser gehen. Du darfst Zeit brauchen.

Die American Psychiatric Association hat in diesem Zusammenhang vor einiger Zeit aufhorchen lassen – nämlich als sie als Richtlinie ausgab, jemanden als depressiv zu diagnostizieren, wenn er oder sie nach mehr als zwei Wochen nach einem Verlust noch immer Trauerreaktionen zeige. ExpertInnen hierzulande hielten und halten das für viel zu kurz. Vielleicht zeigt es aber, dass es in der Gesellschaft ein bisschen schwieriger wird als trauernde Person, weil Trauer wenig Platz hat und erwartet wird, dass man schnell wieder funktioniert. Es ist normal, dass diese Phase länger dauert. Da kann man sich überlegen, was diese Zeit ein bisschen erträglicher macht. Über den Verlust, die eigenen Gefühle damit, die Skepsis vor einer Zukunft ohne diese Person zu reden, kann zum Beispiel helfen. Auch das Schreiben kann unterstützen. Dabei kannst du dir überlegen, ob du einfach nur deine Gedanken fließen lassen willst oder der verstorbenen Person vielleicht einen Brief schreiben und ihr von deiner Trauer erzählen möchtest. Was auch immer für dich passt, zu trauern ist normal. Vielleicht ist das ein entlastender Gedanke.

Das Grübelmonster als Schlafräuber

Ins (nicht trauerbedingte) Grübeln mischt sich manchmal ein komisches Gefühl – oder das Grübeln wird ausgelöst, weil ein komisches Gefühl aufkommt. Weil man glaubt, seine Intuition wolle einem gerade etwas mitteilen. Das muss aber gar nicht sein, vielleicht ist es einfach nur ein negativer Gedanke oder Unlust, die sich da einmischt. Tobias hat das in seiner Zeit als Flugbegleiter an sich selbst des Öfteren bemerkt. Es gab Tage, an denen er ein komisches, ungutes Gefühl im Bauch hatte. Dann überlegte er, ob er sich krankmelden sollte, denn was, wenn das eine Vorahnung aus seinem tiefsten Inneren wäre. Was, wenn an diesem Tag etwas passieren würde. Jetzt im Nachhinein muss er darüber lachen, denn die Frage, ob er an solchen Tagen zur Arbeit gehen soll oder nicht, war einzig und allein seiner Unlust geschuldet. Den Gedanken: »Eigentlich hab ich heute keine richtige Lust zu arbeiten« hat er für Intuition gehalten, obwohl sich nur ein negativer Gedanke in ihm breit gemacht hat. Das unterscheiden zu können sei auch gar nicht so schwierig, meint er. Man müsse nur sehr ehrlich in sich hineinhören.

Solche negativen Gedanken, komische Gefühle und eben das Grübeln machen sich natürlich gerne dann breit, wenn wir Zeit haben nachzudenken – zum Beispiel wenn wir am Abend im Bett liegen und versuchen einzuschlafen. Daran kann uns das Grübeln ganz wunderbar hindern. Wer schlecht schläft, zeigt im Bett ein »höheres Arousal«, das heißt Menschen, die sich beim Einschlafen oder mit dem Durchschlafen schwer tun oder über schlechten Schlaf klagen – und Schlafstörungen betreffen viele Menschen –, neigen zu einer höheren kognitiven Aktivität im Bett; sie denken also viel nach und tun sich schwer abzuschalten. In einer Untersuchung hat ein Team der Universität Bielefeld gezeigt, dass man mit positiven Gedanken die Schlafqualität und das Wohlbefinden enorm steigern kann. Dabei arbeiteten die ForscherInnen mit einer Übung, mit der der Begründer der Positiven Psychologie Martin Seligman schon früher gezeigt hatte, dass man sein Wohlbefinden beeinflussen kann. Sie heißt »Three good things in life« (Drei gute Dinge im Leben). Das Team wollte wissen, ob diese einfache und unkomplizierte Übung Einfluss auf die Schlafqualität hätte. Die StudienteilnehmerInnen in Bielefeld wurden in zwei Gruppen eingeteilt. Die eine Gruppe erhielt die Anweisung, eine Woche lang jeden Abend drei positive Erfahrungen aufzuschreiben. Konkret: »Was war heute positiv?« und »Wie habe ich dazu beigetragen?« Die andere Gruppe sollte sich an positive Ereignisse aus der Kindheit erinnern. Und es hat sich gezeigt: Sowohl kurzfristig als auch längerfristig hatten sich die Schlafqualität und das Wohlbefinden der TeilnehmerInnen deutlich verbessert. Dabei machte es keinen Unterschied, ob sie sich an aktuelle positive Ereignisse oder an welche aus der Kindheit erinnert haben. Das ist eine einfache und schnelle Art, seinen Schlaf zu verbessern, finden wir. Falls du magst, probier es gerne mit der nächsten Anregung aus.

Anregung: Drei glückliche Momente

Denk für den Zeitraum von mindestens einer Woche jeden Abend an drei schöne Ereignisse oder Momente. Entscheide selbst, ob du dir schöne Dinge des zu Ende gehenden Tages noch einmal bewusstmachen willst oder ob du dich an allgemeine schöne Ereignisse aus deinem Leben erinnerst. Schreib sie vor dem Zubettgehen am besten auf. Beobachte dich und wie es dir und deinem Schlaf geht.

Und es gibt noch eine weitere einfache Methode, die das Einschlafen fördern kann. Sie wurde von den PsychologInnen und NeurowissenschaftlerInnen an der Baylor University in Texas entwickelt. Man bat StudienteilnehmerInnen, ungefähr eine halbe Stunde vor dem Einschlafen eine Liste mit Dingen zu schreiben, die sie am nächsten Tag machen wollten. Sie konnten schneller einschlafen als die TeilnehmerInnen, die keine Liste anlegten. Das Aufschreiben kann also eine Art Entlastung für den Kopf bedeuten.

Anregung: Gib deine Sorgen ans Papier ab

Wir haben dir die Methode des Automatischen Schreibens, mit der ich in meinen Coachings und Workshops immer wieder arbeite, schon vorgestellt. Die Amerikanerin Julia Cameron hat das »Morgenseiten«-Schreiben, wie sie es nennt, empfohlen, um die eigene Kreativität zu steigern. Sie meint also, dass es gut sei, sich als tägliche Morgenroutine hinzusetzen und seinen Gedankenstrom aufzuschreiben – laut ihrer Anleitung auf drei DIN A4-Seiten. Man kommt so aus dem Grübeln, gibt Sorgen ans Papier ab, kriegt also eine gewisse Distanz zu den Dingen, die einen beschäftigen, sieht neue Lösungsansätze und kann seinen Kopf dabei aufräumen. Wir finden, dass das eine wunderbare Routine vor dem Schlafengehen ist oder wenn du mitten in der Nacht aufwachst und nicht mehr einschlafen kannst. Du kannst ans

Papier abgeben, was dich bewegt, als Beobachterin, als Beobachter agieren und gelassen sein, denn das Geschriebene ist am nächsten Tag auch noch da.

Nun wird es wieder Zeit, dein Inneres Parlament einzuberufen.

Sitzung des Inneren Parlaments

- *Tagesordnungspunkt:* Festlegen eines Verordnungsvorschlages, um zu entscheiden, wie du denken willst.
- *Anwesend:* der Innere Kommunikationschef, das Innere Gewissen, die Innere Vernunft, das Innere Bauchgefühl, die Innere Pessimistin, die Innere Optimistin, die Innere Ehrlichkeit, die Innere Güte, der Innere Großzügige;
- *Fragestellung:*
  - Wie kann und wie will ich im Alltag mit meinen Gedanken umgehen?
  - Wie kann und wie will ich mich selbst für ein wohlwollendes Denken motivieren?
  - Was kann und will ich in Bezug auf meinen Schlaf tun?

Lass deine Inneren ParlamentarierInnen jetzt wieder diskutieren. Zu welchen vorübergehenden Verordnungsvorschlägen kommen sie diesmal?

“ *Ich verordne mir für den Zeitraum von zwei Wochen (oder einen anderen beliebigen Zeitraum) folgende Dinge in Bezug auf mein Denken:*

Hallo Meditation, schön, dass du da bist!

»Ich meditiere jeden Tag.« Hätte diesen Satz vor einigen Jahren ein Manager, eine Managerin laut ausgesprochen, so wären er oder sie schnell als EsoterikerIn abgestempelt und belächelt worden. Inzwischen ist das anders. Und das aus gutem Grund, denn immer mehr klinische Studien können heute die positive und lange unterschätzte Wirkung von Meditation nachweisen. Es geht dabei um mehr als die entspannende Wirkung – Meditation, so lässt sich inzwischen zeigen, schützt vor Burn-Out, hilft gegen Schmerzen, Bluthochdruck und Depressionen und wird zunehmend in Krankenhäusern und in anderen medizinischen Umfeldern eingesetzt. Sie wird als eine Art Wundermethode gehandelt. Auch die Forschung zum Thema Meditation boomt: Zu den bekanntesten VertreterInnen gehören zurzeit Ulrich Ott an der Justus-Liebig-Universität Gießen und Tania Singer am Max-Planck-Institut in Leipzig, die allerdings nach Mobbingvorwürfen zurücktreten musste. Ihre Forschungsarbeit finden wir dennoch spannend.

Im Körper passiert beim Meditieren genau das Gegenteil einer Stressreaktion, erklären die ForscherInnen die grundsätzliche Wirkung der Meditation. Verkabelt man Meditierende, so kann man beobachten, wie sich der Körper bei der Übung entspannt – er braucht weniger Sauerstoff, Atemfrequenz, Laktatwert und Blutdruck sinken und auch der Muskeltonus nimmt ab. Aus früheren Studien weiß man, dass die Gehirnstrukturen von Mönchen, die über viele Jahre intensiv meditiert haben, anders aussehen als bei Nichtmeditierenden. Aber auch bei MeditationsbeginnerInnen lässt sich eine Veränderung schnell beobachten. Neuropsychologin Britta Hölzel forscht auf dem Gebiet. Sie konnte sichtbar machen, dass sich die Gehirnstruktur schon nach einem achtwöchigen MBSR-Kurs (Mindfulness Based Stress Reduction) verändert. Vor allem die Dichte der grauen Substanz nimmt zu. ForscherInnen nehmen an, dass diese dickeren Schichten an den Nervenzellen die Funktion der Hirnareale verbessern.

Eine der Einstiegsvarianten in die Meditation haben wir schon an anderer Stelle vorgestellt, die Atembeobachtung. Probier sie hier einfach noch einmal aus und dann sieh nach, ob bei den anderen Meditationstexten etwas dabei ist, das dich anspricht.

Anregung: Den Atem beobachten

Es geht bei dieser Übung nur darum, deinen Atem zu beobachten. Also nimm dir jeden Tag – zum Beispiel in der Früh – zehn Minuten Zeit, um das zu tun. Wenn du magst, kannst du dir dafür einen Alarm stellen. Dann setze dich bequem hin und achte darauf, dass du nicht gestört wirst.

Schließe deine Augen.

Und jetzt beobachte deinen Atem.
Wie er kommt.
Wie er geht.
Beobachte, wie sich deine Bauchdecke beim Einatmen hebt.
Und beim Ausatmen senkt.
Nimm wahr, wo in deinem Körper dein Atem fließt.
Beobachte, wie er kommt.
Und wie er geht.
Anfangs werden deine Gedanken dabei wahrscheinlich abschweifen.
Dann versuche, sie ziehen zu lassen.
Kehre wieder zurück zu deinem Atem.
Und beobachte, wie er kommt. Wo in deinem Körper spürst du das?
Und wie er geht. Wie genau fühlt sich das in deinem Körper an?
Übe das weiter für die kommenden Minuten.
Dann atme mehrmals tief ein und aus, strecke dich und komm langsam zurück ins Hier und Jetzt.

Für den Fall, dass du damit ein bisschen herumprobieren magst, hier noch einige Meditationstexte, die du dir einfach mit einem Smartphone aufnehmen und anhören kannst. Versuch, langsam zu sprechen, wenn du sie aufnimmst.

Anregung: Mein sicherer Ort

Schließe deine Augen, atme tief aus und erlaube dir, zu einem speziellen Ort zu gleiten.

Du gehst zu einem Ort, an dem du dich ganz entspannt und sicher fühlst.

Und du nimmst ganz aufmerksam wahr, was du dort sehen kannst.
Und hörst, was es zu hören gibt.
Und du fühlst nach, welche Temperatur es hat.
Es ist ein Ort, der dir den Raum gibt, positive Gefühle wahrzunehmen.
Die durch deinen Körper fließen.
Und alle Spannungen wegspülen.
Es ist der Ort, an dem du dich befreit fühlst und wo Frieden in deine Seele einkehren kann.
Dieser Zustand passiert ganz ohne Anstrengung.

Und um dich immer wieder in dieses Gefühl des Friedens hineinzubewegen, denkst du dir einen Impuls aus.

Es kann ein Zeichen mit der Hand sein oder ein tiefer Atemzug.
Egal, für welchen Impuls du dich entscheidest.
Dein Körper wird ihn wiedererkennen.
Und wann immer du das Gefühl von Ruhe und Frieden brauchst.
Erinnerst du dich an diese kleine Geste, durch die du wieder an den Ort der Ruhe gelangen kannst.

Anregung: Eine stärkende Schiffsreise

Nimm eine Sitz- oder Liegeposition ein, die angenehm ist und verbinde dich gedanklich mit einer wunderschönen Gegend am Meer.

Einen sonnenbeschienenen Bootssteg entlang schreitend gelangst du zu einem Segelschiff, das für dich bereitsteht.

Du zögerst einen Moment.
Bist ängstlich.
Doch dann überwiegt die Lust aufs Abenteuer.
Und mit einem Satz springst du ins Boot.
Abermals zauderst du.
Und es dauert ein Weilchen, bis du den Knoten löst, der euch mit dem Festland verbindet.
Die Überraschung über deinen Mut ist groß.
Ihr stecht in See.
Wind fährt durch dein Haar und beflügelt dich.
Mit jeder wellenartigen Vorwärtsbewegung des Bootes wächst die Lust am Abenteuer.
Salzige, reinigende Luft strömt in deinen Körper und macht frei.
Und mit jedem Ausatmen gibst du alle Gefühle von Angst und Anspannung ab.
Und während ihr in moderatem Tempo so über die Wellen fahrt, spürst du diesen vertrauten, ewigen Rhythmus von Heben und Senken.
Von Ein- und Ausatmen.
Und nimmst dir vor, auch nach der Schiffsreise in dieser fließenden, wohltuenden Bewegung zu bleiben.

Anregung: Wieder aufstehen

Nimm eine angenehme Meditationshaltung ein und schließe deine Augen.

Denk an die Zeit zurück, als du sehr klein warst.

Und du deine ersten Stehversuche unternommen hast.
Mit Sicherheit gibt es Fotos aus dieser Zeit.
Oder Filme, die deine Eltern gedreht haben.
Auf denen festgehalten ist, mit welcher Unbekümmertheit du dich nach einem Plumps aufs Hinterteil wieder aufgerichtet hast.
Immer und immer fort.
Dieses Bild zaubert ein Schmunzeln in dein Gesicht.
Und du fragst dich, wann und warum du diese Selbstverständlichkeit abgelegt hast.
Wann und warum sie dir abhandengekommen ist, weißt du nicht.
Und es ist auch nicht wichtig.
Wesentlich – und das begreifst du in diesem Moment – ist die Tatsache, dass du diese spielerische Art, Dinge zu versuchen, unbedingt wieder leben willst.
Und du suchst daher nach einem Ritual, das dich ab nun erinnern soll, auch dann weiterzumachen, wenn du wieder einmal »hinfällst«.
Und wie von selbst kommt dir dazu ein Bild zugeflogen.
Es zeigt einen lachenden Menschen, der sich nach einem Sturz den Staub von Mantel und Hose schüttelt und auch gleich den Frust, gefallen zu sein, mit abwirft.
Und da du dieses Bild so magst, beschließt du, ein Zupfen und Ausschütteln deiner Kleidung zu jenem Ritual zu machen.
Du wirst es immer dann aktivieren, wenn du glaubst, ein neuer Versuch würde sich nicht mehr lohnen.

Anregung: Die Welt auf den Kopf stellen

Diese Übung beginnt mit einer ungewöhnlichen Position, die naheliegender nicht sein könnte, weil sie dich schnell eine um hundertachtzig Grad gedrehte Welt erleben lässt. Du begibst dich – sofern du kannst und magst – in den Kopfstand. Du kannst auch deinen Oberkörper nach unten beugen und Kopf und Hände baumeln lassen.

Und während du die verkehrte Welt betrachtest, tut sich einiges in deinem Körper.

Dein Gehirn läuft auf Hochtouren.

Schließlich geht es darum, auf die ungewöhnlichen Reize zu reagieren.

Die Prozesse laufen plötzlich anders.

Das erfrischt nicht nur den Geist, auch deine Organe freuen sich.

Haben sie doch endlich Gelegenheit, sich wieder mehr auszudehnen und sich in eine bessere Position zu bringen.

Und während du wieder in die Sitzhaltung zurückkehrst, wirst du dir des positiven Einflusses auf Geist und Körper bewusst.

Und nimmst dir vor, öfter – auch ohne Kopfstand – die Perspektiven des Lebens zu verändern.

Anregung: Beobachter sein, Beobachterin sein

Nimm eine Sitzposition ein, die dir behagt und beobachte, wie es dir geht.

Beobachte, ob die Gedanken in dir rotieren und ob du Schwierigkeiten hast, ruhig zu sitzen.

Möglicherweise tut dir etwas weh.

Du bemerkst, wie intensiv du mit dir selbst beschäftigt bist.

Wie sehr die Gedanken jenen ähneln, mit denen du dich auch gestern oder vorgestern beschäftigt hast.

Und indem dir bewusstwird, wie gefangen du in dir selbst bist, beschließt du, dich aus dieser selbst gebastelten Gefangenschaft zu befreien.

Du kannst das schaffen, indem du gedanklich einen Schritt von dir weggehst und dir zusiehst, was du tust.

Wie du sitzt, welche Haltung du einnimmst.

Und während du dich im Selbstbeobachten übst, denkst du an eine Herausforderung, die du in den nächsten Tagen meistern willst.

Und du stellst dir vor, wie du dich selbst als Beobachter oder Beobachterin begleitest.
Wie du dich liebevoll lenkst, führst oder auch an den Schultern nimmst und dich bewusst dorthin geleitest, wo es gut für dich ist.

Anregung: Die Liebende-Güte-Meditation

Eine von Tobias' Lieblingsmeditationen ist die Liebende-Güte-Meditation aus dem Buddhismus. Wenn du sie ausprobieren magst, nimm dir den Text wieder auf dein Smartphone auf:

Liebende-Güte-Meditation

Zu Beginn entwickle ein Gefühl von Freundlichkeit und Wohlwollen dir selbst gegenüber. Verschiedene Methoden können helfen, diese von Herzen empfundene Freundlichkeit zu wecken, wenn sie sich nicht spontan einstellt: Stell dir zum Beispiel vor, ganz von Licht durchflutet zu werden. Oder sag dir vor: »Möge ich glücklich sein.« Oder erinnere dich an Momente, in denen du dich vollkommen zufrieden gefühlt hast.
Stell dir jetzt einen Menschen vor, der dir nahesteht. Lass ihn durch deine Vorstellungskraft so lebendig wie möglich werden und denke vor allem an seine guten Eigenschaften. Spüre deine Verbundenheit mit diesem Menschen und lass Gefühle von Wärme und Freundlichkeit zu ihm fließen.
Denke jetzt an jemanden, der dir normalerweise gleichgültig ist, dem gegenüber du weder Zu- noch Abneigung empfindest. Vielleicht ist es sogar jemand, den du recht gut kennst, der dich aber nicht sonderlich interessiert. Indem du dich in deiner Vorstellungskraft dieser Person mit Interesse zuwendest und überlegst, was du mit ihr gemeinsam hast, schließt du auch sie hier in diese Meditation ein.

Denke jetzt an jemanden, den du nicht magst. Den du vielleicht sogar als FeindIn bezeichnen würdest. Versuche, dich nicht in Hassgefühle zu verstricken, sondern diesen Menschen mit frischem, offenem Blick zu betrachten. Dabei geht es nicht darum, eine bestehende Abneigung wegzureden, sondern den betreffenden Menschen in einem größeren Zusammenhang zu sehen. Mit all seinen Schwächen und schönen Seiten, seiner Sehnsucht nach Glück. Sende auch diesem unbequemen Menschen dein Wohlwollen.

Und jetzt stell dir alle vier Personen gleichzeitig vor – dich selbst, deine Freundin oder deinen Freund, die neutrale Person und den Feind, die Feindin und hülle alle gleichmäßig in dein Wohlwollen. Dann lass deine liebevollen Gefühle frei ausströmen, zunächst zu allen in deiner unmittelbaren Begegnung, dann in immer weiteren Kreisen hinaus zu allen Menschen und allen empfindenden Lebewesen, so weit deine Vorstellungskraft dich trägt. Dann entspanne dich weiter. Und spüre noch einige Augenblicke nach.

Das kann konkret so aussehen:

Möge ich sicher und geborgen sein,
möge ich gesund sein,
möge ich glücklich sein,
möge ich frei sein.

Mögest du sicher und geborgen sein,
mögest du gesund sein,
mögest du glücklich sein,
mögest du frei sein.

Möge … sicher und geborgen sein,
möge … gesund sein,
möge … glücklich sein,
möge … frei sein.

Möge die Welt sicher und geborgen sein,
möge die Welt gesund sein,
möge die Welt glücklich sein,
möge die Welt frei sein.

Nun ist es wieder an der Zeit, dein Inneres Parlament einzuberufen, es gibt neue Fragestellungen.

Sitzung des Inneren Parlaments

- *Tagesordnungspunkt:* Festlegen eines Verordnungsvorschlages, um zu entscheiden, ob und wie du Meditation in deinen Alltag integrieren willst.
- *Anwesend:* der Innere Kommunikationschef, das Innere Gewissen, die Innere Vernunft, das Innere Bauchgefühl, die Innere Güte, der Innere Großzügige, die Innere Ruhe;
- *Fragestellung:*
  - Wie kann ich mir vorstellen, Meditation auszuprobieren?
  - Wie kann ich Meditation in meinen Alltag integrieren?
  - Was sagen deine Inneren ParlamentarierInnen jetzt?

Lass sie diskutieren. Zu welchen vorübergehenden Verordnungsvorschlägen kommen sie zum Thema Meditation?

“ *Ich verordne mir für den Zeitraum von zwei Wochen (oder einen anderen beliebigen Zeitraum) folgende Dinge in Bezug aufs Meditieren:*

8. Das mit den Gedanken und den anderen

Ich über dich, du über mich, wir über alle

Wir sind soziale Wesen – dieser Satz ist in diesem Buch schon vorgekommen. Jetzt wollen wir dich in Bezug auf das Meditieren noch zu etwas anregen: Tobias und ich haben nämlich beide die Erfahrung gemacht, dass Meditation und Hypnose noch mehr Kraft haben, sich noch intensiver erleben lassen und anfühlen, wenn man sie nicht allein, sondern gemeinsam macht. Also im Fall der Hypnose meinen wir, dass sich Hypnose durch eine andere Person stärker anfühlen kann als Selbsthypnose. Beim Meditieren finden wir, dass man sie in der Gruppe noch intensiver erleben kann, als allein. Experimentiere einfach, was für dich stimmt.

Nun wollen wir uns noch mit Gedanken im sozialen Kontext beschäftigen. Hast du schon mal versucht, über jemand anderen nichts zu denken? Das geht quasi nicht. Ob der neue Kollege bei der Tür reinkommt, neben dir im Geschäft jemand zu der Bluse greift, die du dir gerade ansehen wolltest oder deine Schwester dir ihren neuen Freund vorstellt – sofort denkst du etwas über sie oder ihn. Du hast einen Eindruck. Ein erstes für dich klares Bild von dieser Person. Du bewertest, was sie tut, was sie anhat, was sie sagt, wie sie redet – und umgekehrt genauso. Alle Menschen, denen du begegnest, denken etwas über dich. Also geht es auch hier um leben und leben lassen. Versuch ein paar Tage die nächste Übung.

Anregung: Aha, aha

Nimm dir einen bestimmten Zeitraum vor, in dem du diese Übung in deinem Alltag anwendest. Und bei jedem Gedanken, den du dir zu einer anderen Person machst, denk: »Aha, aha, spannend, dass ich das denke.« Wenn du also bei dem fülligen Herren am Nebentisch, der gerade noch einmal zum Buffet geht, denkst: »Na, der könnte auch aufhören« – mach »Aha, aha« daraus. Oder bei der Kollegin, deren Frisur du heute komisch findest – mach ein »Aha, aha, spannend, dass ich das über ihre Frisur denke« daraus. Und so beobachte einfach, was passiert, wenn du all deine Gedanken über andere Leute, darüber, was sie tun, was sie sagen, wie sie sich verhalten oder wie sie aussehen, durch »Aha-aha«-Sätze veränderst.

Das gilt natürlich auch umgekehrt – du bist nämlich genauso vielen Bewertungen ausgesetzt, wie andere deinen Bewertungen ausgesetzt sind. Deshalb nimm dir das Recht, all diese Bewertungen, die man über dich hat, zu überprüfen. »Aha, aha« funktioniert auch in dem Fall. »Aha, aha, interessant, dass die Person so über mich denkt.« Denn nur weil jemand anderer etwas über dich denkt, muss es nicht wahr sein. Nur weil jemand anderer ein Bild von dir hat, muss das nicht der Wirklichkeit entsprechen. Es gibt keinen Grund, die Gedanken anderer über dich zu deinen eigenen zu machen. Dein Kopf gehört dir. Was du über dich denkst, das entscheidest du. Ob du das, was andere über dich oder zu dir sagen, zu deinen eigenen Gedanken machst, das entscheidest nur du. Und wir wissen, dass es ganz viel Mut braucht, dein Ding durchzuziehen. Denn damit erfüllst du Erwartungen anderer vielleicht nicht. Oder entsprichst ihrem Bild, wie du sein solltest, eben nicht. Das kann manchmal unbequem sein. Aber wir finden: Jede und jeder darf auf ihre/seine Art glücklich sein. Probier dazu folgende Übung aus.

Anregung: Ich bin mein bester Freund, meine beste Freundin

Stell dir vor, du schlüpfst gedanklich in die Rolle deines besten Freundes, deiner besten Freundin und versuchst, dich zu ermutigen, dein Leben so zu leben, wie es für dich richtig ist. Was würdest du dir sagen? Wie würdest du dir Mut zusprechen? Wie würdest du als dein bester Freund, deine beste Freundin versuchen, dich in deinem Du-Sein zu stärken? Vielleicht magst du dir einen Brief schreiben, oder eine E-Mail, eine Nachricht aufnehmen oder ein kurzes Video. Sag dir als dein bester Freund, als deine beste Freundin, warum du liebenswert bist, auch wenn andere dich möglicherweise komisch finden.

Die sind so blöd

Vielleicht hast du ein bisschen beobachtet, wie viel du über andere nachdenkst. Ob du oft denkst, dass es jemand auf dich abgesehen hat, dich nicht mag oder ob du denkst, er oder sie sei schuld an irgendetwas. Dann sei dir bewusst: Auch diese negativen Gedanken machen sich in deinem Gehirn breit und verändern seine Struktur. Jeder Gedanke lässt neuronale Verbindungen entstehen, und zwar genau in der Sekunde, in der du ihn denkst. Alle Gedanken, die wir haben, werden in Form von synaptischen Verbindungen gespeichert. (Für diese Erkenntnis bekam übrigens im

Jahr 2000 Hirnforscher Eric Kandel den Medizin-Nobelpreis.) Wahrscheinlich ließen sich einige Konflikte und Missverständnisse vermeiden oder schnell wieder aus der Welt schaffen, wenn du dir manchmal nicht so viele Gedanken über etwas oder jemanden machen würdest. Oder wenn du aufhören würdest, dir Szenarien auszumalen, für die es vielleicht gar keine Grundlage gibt. Oder wenn du bereit wärst, dich öfter in die andere Person hineinzuversetzen und zu überlegen, ob Aussagen oder Handlungen sicher in böser Absicht geschehen sind. Stell dir vor: Dein Partner, deine Partnerin hat vergessen, dir dein Lieblingsbrot vom Bäcker mitzubringen. Vielleicht denkst du: »Oh schade, er/sie hat das andere Brot gekauft und meines vergessen. Naja, kann ja mal passieren.« Das ist in Ordnung. Aber ist dir schon einmal passiert, in so einer Situation zu denken: »Er liebt mich nicht«, »Ich bin ihr nicht mehr wichtig«, »Das hat er absichtlich gemacht« oder »Damit wollte sie mich ärgern«? Sollten dir solche Gedanken bekannt vorkommen – ob nun mit Partner, Partnerin, Familie oder Freunden – hinterfrage deine eigenen Gedanken. Denn bekanntlich musst du dir nichts, was du denkst, selbst glauben. Sind die alle blöd? Machen die das absichtlich? Frag dich, ob das auch anders sein könnte. Erlaube dir Gedankenexperimente, die dich entlasten können. Denn vielleicht hat deine Partnerin, dein Partner das Brot nicht absichtlich vergessen. Vielleicht gehen deine Gedanken da mit dir durch und es wäre gar nicht notwendig, beleidigt und gekränkt zu sein. Wie viel Großzügigkeit kannst du dir selbst erlauben? Wenn du magst, setz dich das nächste Mal hin und schreib auf, wie es anders sein könnte. Also genau dann, wenn du geneigt bist zu glauben, jemand mache etwas absichtlich zu deinem Nachteil, dann setz dich hin und denk darüber nach, welche Gründe das Verhalten noch haben könnte. Am besten schreibst du das Gegenszenario auf. Es entlastet sowohl dich als auch die Person, der du dann nicht böse sein musst.

Vier Fragen für ein neues Leben

Tobias und ich sind Fans von Byron Katie und haben sie auch live bei einem Workshop erlebt. Die Amerikanerin hat nämlich eine wunderbare Methode entwickelt, um belastende Gedanken loszuwerden. Ihr Konzept nennt sich »The Work« und besteht im Grunde aus vier Fragen. Auch sie sagt: Nichts lässt dich so viel leiden wie deine Gedanken. Die müssen aber gar nicht wahr sein, also wahrscheinlich hast du gar keinen Grund zu leiden oder pessimistisch zu sein, weil du eine belastende Situation aus der Vergangenheit in der Gegenwart immer und immer wieder durchdenkst. Einzig und allein das, was du denkst, macht etwas zu einem Problem für dich. Deshalb regt sie dazu an, deine Gedanken über vier einfache Fragen zu überprüfen, und ein Stück weit zu neutralisieren und dir nicht alles zu glauben!

Wenn du zum Beispiel in eine unangenehme Situation kommst, weil deine Nachbarin etwas scheinbar nur tut, um dich zu ärgern, stelle dir folgenden Fragen:

- Ist das wahr?
- Kannst du mit absoluter Sicherheit sagen, dass das wahr ist?
- Was macht es mit dir, wenn du das glaubst?
- Was wäre, wenn du das nicht glauben würdest?

Wir denken du merkst, was für eine Veränderung das auslösen kann. Und selbst wenn du nicht bei jedem Gedanken, der dich belastest, die vier Fragen durchgehst: Schon die Überlegung: »Vielleicht ist der Gedanke, den ich da gerade denke, gar nicht wahr« macht einen großen Unterschied. Und zwar nicht nur für dich, denn viele Gedanken, die dich belasten, haben mit anderen Menschen zu tun – so wie in dem Beispiel mit der Nachbarin. Es gibt unter thework.com übrigens auch die Möglichkeit, sich durch ein Vier-Fragen-Arbeitsblatt begleiten zu lassen, dabei wird versucht, deine Gedanken umzukehren.

Sie kann das besser, er ist beliebter

Noch eine Frage lohnt es sich aus unserer Sicht zu stellen: Wie sehr vergleichst du dich in Gedanken mit anderen? In einigen Bereichen sehen wir uns in einem besseren Licht als andere, haben Studien gezeigt, zum Beispiel glauben wir gerne, dass wir schlauer oder gesünder wären oder besser Autofahren könnten. Aber ausgerechnet, wenn es ums Sozialleben geht – das nicht unwichtig ist –, ist das nicht so, wie US-ForscherInnen der Cornell University festgestellt haben. Unser Sozialleben bewerten wir im Durchschnitt schlechter als das von anderen – wir glauben also, andere hätten den größeren Freundeskreis, würden mehr unternehmen, wären auf bessere Partys eingeladen und so weiter. Die Krux an der Sache ist, dass sich die Zufriedenheit mit unserem Sozialleben auf unsere allgemeine Zufriedenheit auswirkt. Vergleichende Gedanken, die sich auf ein Instagram-Bild stützen, wie toll jemand auf einer Party aussah, während wir zu Hause saßen, sind dabei nicht hilfreich. Also lohnt sich auch da ein realistischer Blick – auf die Person, die wir vielleicht beneiden und auf uns. Hinterfrage deine Ansichten: Geht es dieser Person wirklich besser, weil sie auf dieser einen Feier war? Für welche Kontakte, Freundschaften und Begegnungen kannst du dankbar sein? Um zu sehen, wie viel schönes Sozialleben da ist, kannst du eine Liste anlegen, auf die du schreibst, wer in deinem Leben ist, was du alles gemeinsam mit anderen unternimmst oder erlebst. Und vergiss nicht, dich selbst zu erinnern, dass dich vielleicht nur Gedanken über jemanden stressen und es in Wahrheit gar keinen Grund für dein Unwohlsein gibt.

Berufe jetzt noch einmal dein Inneres Parlament zu einer Sitzung über mögliche Verordnungsvorschläge ein.

Sitzung des Inneren Parlaments

- *Tagesordnungspunkt:* Festlegen eines Verordnungsvorschlages, um zu entscheiden, wie du mit Gedanken über andere und Gedanken von anderen über dich umgehen willst.
- *Anwesend:* der Innere Kommunikationschef, das Innere Gewissen, die Innere Vernunft, das Innere Bauchgefühl, die Innere Ehrlichkeit, die Innere Güte, der Innere Großzügige;
- *Fragestellung:*
  - Wie kann ich das Motto »Leben und leben lassen« auf Gedankenebene für mich leben?
  - Wie kann ich mir im Alltag klarer werden, dass meine Gedanken nicht wahr sein müssen, sondern ich sie mir auch mal nicht glauben kann?

Was sagen deine Inneren ParlamentarierInnen jetzt? Lass sie diskutieren. Zu welchen vorübergehenden Verordnungsvorschlägen kommen sie?

“ *Ich verordne mir für den Zeitraum von zwei Wochen (oder einen anderen beliebigen Zeitraum) Folgendes in Bezug auf meine Gedanken über andere und mich:*

9. Gedanken über die Arbeit

Es wird immer mehr und ärger?

Im Beispiel mit den vier Fragen haben wir eines gewählt, das man auch gut auf den Beruf umlegen kann. Vielleicht glaubst du ja, die Chefin oder der Kollege hätten es auf dich abgesehen. Die meisten Menschen verbringen den Großteil ihrer Zeit im Job und viele sorgenvolle Gedanken, die man sich macht, betreffen das Berufsleben. Man macht sich Gedanken über KollegInnen, das Pensum, das man schaffen, die Aufgaben, die man erledigen soll, überlegt ganz grundsätzlich, ob man an diesem Arbeitsplatz richtig ist, sich da wohlfühlt, ob er dauerhaft ist und die eigene Existenz und vielleicht auch die der Familie langfristig absichern wird. Und die Berufswelt birgt viel Frustpotenzial – nicht immer herrscht ein wertschätzender Umgang miteinander oder man muss nach vielen Jahren, in denen man sein Bestes gegeben hat, feststellen, dass die Leistung nicht anerkannt wird und man trotz allem gehen muss. Oder man stellt fest, dass der Job den Einsatz nicht wert war, dass man auf etwas verzichtet hat, weil man gedacht hat, im Job so unentbehrlich zu sein. Und dann nach vielen Jahren steht man da und stellt sich die Frage: Und was bleibt für mich? Laut einer Umfrage der deutschen Techniker Krankenkasse aus dem Jahr 2016 fühlten sich sechs von zehn Deutschen von ihrem Job gestresst und gestresster als drei Jahre zuvor. Vor allem Familie, Kinder und Job unter einen Hut zu kriegen, belastete die Befragten.

Nimm dir hier noch einmal die Leinwand und überprüfe, wie viele Sorgen du dir in Bezug auf die Arbeit und dein Verhältnis zwischen Arbeit, Familie und Freizeit machst:

Anregung: Gedanken über die Arbeit

Setze oder lege dich an einen ruhigen Ort, an dem du dich wohlfühlst. Sorge dafür, dass du nicht gestört werden kannst. Schließe deine Augen. Jetzt nimm ein paar tiefe Atemzüge.

Mit jedem Einatmen nimmst du auf, was dir guttut.
Bei jedem Ausatmen lässt du los, was du nicht mehr brauchst.
Lass deinen Atem ruhig weiterfließen.
Und jetzt stell dir vor, du hast eine riesengroße Leinwand vor dir.
Vielleicht sitzt du im Kino.
Vielleicht auf einer großen Wiese.
Vielleicht ist deine Leinwand am Himmel angebracht.
Auf dieser Leinwand siehst du jetzt dich.
Einen ganz durchschnittlichen Arbeitstag in deinem Leben. Eine durchschnittliche Arbeitswoche.
Einen durchschnittlichen Monat.

Gehe die Zeit, die du in der Arbeit verbringst, durch – welche Gedanken kommen dir im Laufe eines Tages in den Sinn?
Hast du manchmal Zweifel, deinem Job nicht gerecht zu werden?
Oder deiner Familie?
Wie viele Gedanken darüber machst du dir auch, wenn du gerade gar nicht mit Arbeit beschäftigt bist und frei hast?
Beobachte dich und achte darauf, was sich in deinem Kopf tut.
Nimm auch wahr, wie viele gute Gedanken da sind. Wofür du dankbar bist.

Und jetzt nimm wieder ein paar tiefe Atemzüge.
Streck dich, wenn du magst.
Mach dich ganz groß.
Und dann komm erholt und frisch zurück ins Hier und Jetzt.

Wie viele gute Gedanken hast du entdeckt? Wofür kannst du dankbar sein in Bezug auf deinen Job? Da gibt es bestimmt allerhand! Fokussiere dich für den Moment vor allem darauf.

Die Gedanken, die man sich in Bezug auf die Arbeit macht, können im schlechtesten Fall zu Stressfaktoren werden. Und obwohl es oft heißt: »Freu dich, wenn du ein bisschen gestresst bist, Langeweile kann riskanter sein und zu einem »Bore out« führen« – ständige Unterforderung ist also auch nicht das Gelbe vom Ei – finden wir trotzdem: Dein Arbeitsalltag darf so angenehm wie möglich sein. Vielleicht stressen dich Dinge, wie perfekt sein zu wollen, beliebt sein zu wollen, unabhängig sein zu wollen, die Kontrolle behalten und stark sein zu wollen, der Gedanke, durchhalten zu müssen. Dann ist die gute Sache daran: Auch da hast du wieder die Möglichkeit, etwas zu tun und aktiv zu werden. Denn deine Gedanken kannst du kontrollieren und du kannst üben, andere Gedanken zu denken, wenn sie dir manchmal zu belastend werden. Wir listen dir hier ein paar auf, die deinen Stress verschärfen können, und danach andere, mit denen du deine negativen Gedanken umdrehen, entschärfen oder neutralisieren kannst. Vielleicht findest du dich in manchen wieder:

- Wenn ich alles selbst mache, ist es so, wie ich es haben will.
- Aufgeben ist keine Option/kommt für mich nicht in Frage.
- Ich muss durchhalten.
- Ich muss den Druck aushalten.
- Ich muss jede Abgabe und jeden Termin unbedingt einhalten.
- Ich schaffe alles, wenn ich mich wirklich anstrenge.
- Ich muss immer für meine Firma da sein.
- Es ist wichtig, dass ich alles unter Kontrolle habe.
- Ich will niemanden enttäuschen.
- Es gibt nichts Schlimmeres, als Fehler zu machen.

- Auf mich muss man sich hundertprozentig verlassen können.
- Starke Menschen brauchen keine Unterstützung.
- Gut mit allen auszukommen ist wichtig.
- Wenn ich mich auf andere verlasse, bin ich verlassen.
- Es ist wichtig, dass mich alle mögen.
- Ohne mich läuft hier gar nichts.
- Ich muss immer alles richtig machen.
- Es ist furchtbar, auf andere angewiesen zu sein.
- Ich muss immer wissen, was auf mich zukommt.

Und, fündig geworden? Dann such dir doch lieber aus den folgenden Sätzen welche aus, von denen du gerne möchtest, dass sie in Zukunft für dich gelten. Schreib sie dir eventuell auf, häng sie dir über deinen Schreibtisch und denke sie regelmäßig:

- Gut ist gut genug.
- Ich darf Fehler machen.
- Ab und zu kann man fünf gerade sein lassen.
- Weniger ist manchmal mehr.
- Ich gebe mein Bestes und achte auf mich.
- Ich erlaube mir, auch mal nein zu sagen.
- Ich achte auf mich und meine Bedürfnisse.
- Ich bin gut zu mir.
- Es ist okay, andere zu enttäuschen.
- Ich muss es nicht allen recht machen.
- Ich darf auch mal Schwäche zeigen.
- Ich darf um Unterstützung bitten.
- Es ist in Ordnung, mir helfen zu lassen.
- Ich kann mich auf andere verlassen und ihnen vertrauen.
- Ich kann/darf delegieren.
- Ich vertraue auf meinen Bauch.
- Ich darf es mir leichtmachen.
- Ich habe Grenzen und das ist gut.

Anregung: Gute-Gebote-der-Arbeit-Meditation

Du darfst dich entspannen, auch in Hinblick auf deine Arbeit. Wenn du magst, versuch einmal für eine gewisse Zeit bewusst in den Tag bzw. den Arbeitstag zu starten. Dazu schlagen wir dir vor, über unsere Variante der zehn Gebote der Gelassenheit zu meditieren:

1. Nur für heute werde ich mich bemühen, einfach den Tag zu erleben, ohne alle Probleme meines Lebens auf einmal lösen zu wollen.
2. Nur für heute werde ich größten Wert auf mein Verhalten legen und achtsam mit mir und anderen sein.
3. Nur für heute werde ich in der Gewissheit glücklich sein, dass ich für das Glück geschaffen bin und in dieser Welt ein Recht darauf habe.
4. Nur für heute werde ich mich an die Umstände anpassen, ohne zu verlangen, dass die Umstände sich an meine Wünsche anpassen.
5. Nur für heute werde ich zehn Minuten meiner Zeit für etwas aufwenden, das mir und meiner Seele guttut.
6. Nur für heute werde ich eine gute Tat vollbringen und es niemandem erzählen.
7. Nur für heute werde ich etwas tun, worauf ich keine Lust habe. Sollte ich mich in meinen Gedanken beleidigt fühlen, werde ich dafür sorgen, dass niemand es merkt.
8. Nur für heute werde ich genau planen. Vielleicht halte ich mich nicht an meinen Plan, aber ich werde ihn aufsetzen. Und ich werde mich hüten, mich zu hetzen und mich unnötig aufzuhalten.
9. Nur für heute werde ich keine Angst haben. Vor allem nicht davor, mich zu freuen, wenn etwas schön ist. Und ich werde an das Gute glauben.
10. Nur für heute werde ich fest darauf vertrauen, dass das Leben es gut mit mir meint.

Weil gute Ideen ihren Raum brauchen

In unserer Welt haben wir gelernt, dass gute Ideen entstehen, wenn man lange, angestrengt und intensiv über etwas nachdenkt – am besten brav am Schreibtisch sitzend. Das muss aber gar nicht so sein, sagt die finnische Forscherin Asta Raami. Sie beschäftigt sich mit Kreativität, Innovationen und der Frage, wie gute Ideen entstehen. Und sie ist der Meinung: Ideen kommen einem nicht durch ewiges Analysieren und Bewerten, sondern durch Intuition. Sich zu viele rationale Gedanken zu machen, würde auch die Gefahr mit sich bringen, sich in zu vielen Informationen zu verlieren. Die Forscherin ist sich sicher: Es braucht Unterstützung aus dem Unbewussten, um Komplexes bewältigen zu können und offen zu sein, um neuen Ideen Raum zu geben. Loslassen, statt alles und jeden Gedanken zu kontrollieren, heißt also ihr Appell. Weil die Intuition aber gerade im beruflichen Umfeld ein schlechtes Image hat, fällt es vielen von uns schwer, intuitive Signale wahrzunehmen. Das kann man aber trainieren – zum Beispiel durch Achtsamkeitsübungen oder Meditation. Manchmal scheinen Einfälle auf den ersten Blick verrückt oder sinnlos zu sein, meint Raami, aber: Nur weil eine Idee rational nicht begründbar ist, muss sie nicht schlecht sein. Offen zu sein für sämtliche Impulse ist ein wichtiger Schritt. Und das bedeutet auch, seine negativen Gedanken im Griff zu haben – denn Zweifel, Angst vorm Versagen, Engstirnigkeit und dergleichen blockieren die Kreativität. Sich selbst etwas zuzutrauen ist entscheidend. Es gibt Menschen, die dazu neigen, ihre Erfolge dem Zufall zuzuschreiben, oder die immer meinen, sie hätten einfach Glück gehabt – die aber sehr wohl ihre eigene Kompetenz in Frage stellen, wenn sie versagen. Ein bisschen Selbstzweifel schaden nicht, weil sie anspornen und motivieren können. Aber Erfolge darf man feiern. Kompetenzen, sein Wissen, die Dinge, die man gut kann, darf und soll man wertschätzen – auch in seinen Gedanken. Mit welchen Gedanken übernimmst du neue Aufgaben? Mit einem fröhlichen »Ja, das werde ich meistern« oder einem zaudernden »Sch…, das schaffe ich bestimmt nicht«? Mit welcher Haltung wird es dir wohl leichter fallen, die Aufgabe anzugehen? Und: Was kannst du eigentlich besonders gut? Tobias und ich finden, dass man darüber zu selten nachdenkt (bis auf die wenigen Menschen, die eher narzisstische Persönlichkeitszüge haben).

Ich kann mich selbst gut erinnern – ich bekam in meinem früheren Job irgendwann einen Mentor an die Seite gestellt und als wir einander kennenlernten, fragte er: Und was kannst du so richtig gut? Und ich musste wirklich nachdenken, was ich sagen sollte. Das hatte mich überrascht, denn ich hatte mich bis dahin durchaus für selbstbewusst gehalten. Und eigentlich hat es mich ein bisschen erschüttert, denn in der Theorie wusste ich, dass Frauen vor allem im beruflichen Umfeld dazu neigen, sich kleiner zu machen und ihre Erfolge runterzuspielen. Männer erlebe ich selten so. Sie trauen sich – aus meiner bisherigen Erfahrung – viel mehr zu als Frauen. Wir Frauen zweifeln ganz oft, ob wir etwas können. Bei einer Podiumsdiskussion hörte ich von einer Headhunterin folgenden Satz: »Sie können sich sicher sein, dass Frauen, wenn sie eine Managementposition erreichen, sich tausend Mal öfter gefragt haben, ob sie dieser Aufgabe gewachsen sind. Ein Mann würde das in dem Ausmaß nicht tun.«

Ich habe dann lange nachgedacht, was ich gut kann, und mir ist im Nachhinein viel mehr eingefallen, als ich in dem Gespräch spontan aufgezählt habe. Das tat mir gut. Versuche, in der folgenden Übung dein eigener Mentor, deine eigene Mentorin zu sein und dir bewusst zu machen, was du über deine Talente und Erfolge denkst.

Anregung: Ja, ich kann!

Stell dir vor, du bist deine eigene Mentorin, dein eigener Mentor und gemeinsam wollt ihr ein tolles Jobprofil über dich erstellen. Was kannst du gut? Und damit sind nicht nur fachliche Kompetenzen gemeint, sondern auch andere Dinge, wie zum Beispiel dass du im Büro für gute Laune sorgst oder Ähnliches. Schreib dir eine Liste mit all deinen Fähigkeiten, Eigenschaften, Kompetenzen, Erfahrungen, Persönlichkeitsmerkmalen ... auf und ergänze sie, wenn dir Neues ein- oder auffällt.

Hab Vertrauen, dass du viele Dinge gut kannst und erlaube dir Raum für noch mehr. Um gute Ideen zu haben, braucht es auch das passende Umfeld – das sagte der Neurobiologe Gerald Hüther einmal in einem Gespräch mit mir. »Schauen Sie sich Biografien großer Entdecker an«, riet er damals, »denen sind die großen Ideen so gut wie nie unter Druck am Schreibtisch eingefallen.« Sich entsprechende Freiräume zu nehmen findet er deshalb wichtig – und cool zu bleiben auch, denn zu viel Druck ist nicht hilfreich. Sich mit etwas Unnützem zu beschäftigen ist zum Beispiel ein Trick, der einen ein bisschen gelassener werden lassen kann – oder einfach mal in die Luft zu schauen. Sich Zeit zum Nichtdenken zu nehmen. Sich in einen guten Ruhezustand zu versetzen und abzuwarten, was passiert.

Tobias und ich finden, du solltest nun dein Inneres Parlament zu einer Sitzung einberufen.

Sitzung des Inneren Parlaments

- *Tagesordnungspunkt:* Festlegen eines Verordnungsvorschlages, um zu entscheiden, wie du über deine Arbeit denken willst.
- *Anwesend:* der Innere Kommunikationschef, die Innere Vernunft, das Innere Bauchgefühl, die Innere Ehrlich-

keit, die Innere Güte, der Innere Großzügige, die Innere Ruhe;

- *Fragestellung:*
  - Nach welchen Werten will ich in Bezug auf den Job denken?
  - Welche Gedanken will ich haben und wie kann ich meinen Arbeitsalltag durch sie erleichtern?

Worüber diskutieren deine inneren ParlamentarierInnen jetzt? Zu welchen vorübergehenden Verordnungsvorschlägen kommen sie?

“ *Ich verordne mir für den Zeitraum von zwei Wochen (oder einen anderen beliebigen Zeitraum) Folgendes in Bezug auf meine Gedanken über die Arbeit und mich im Arbeitsalltag:*

Diese fünf hilfreichen Gedanken will ich zu meinen machen:

Sich selbst beruhigen

In jedem Arbeitsumfeld, überall dort, wo Menschen mit anderen Menschen zu tun haben, gibt es Momente, die einen aus der Fassung bringen. In der direkten Zusammenarbeit mit KollegInnen oder KundInnen oder weil dir etwas nicht so gelingt, wie du es dir vorgestellt hast. Tobias und ich finden, es ist oft gut auszudrücken, wie es dir geht – und genauso wichtig ist es, dabei wertschätzend zu bleiben. Damit das leichter gelingt, praktizieren wir immer wieder die folgende Methode.

Anregung: Die 1–2–3–4–5-Technik (nach Betty Ericson)

Du kannst diese Übung jederzeit machen, im Sitzen, im Liegen, im Stehen, an jedem denkbaren Ort, also auch wenn du bei der Arbeit bist und eine Pause machst, um dich zu entspannen, Grübeleien zu unterbrechen oder deinen Ärger zu neutralisieren:

Fixiere mit deinen Augen einen beliebigen Punkt in deinem Sichtfeld. Halte diesen Punkt mit den Augen fest. Du wirst feststellen, dass du noch immer viel wahrnehmen kannst, auch wenn du auf den Punkt fixiert bleibst.

Sieh dir jetzt (in Gedanken) an, welche fünf beliebigen Dinge du in deinem Sichtfeld wahrnehmen kannst: ob du deine Beine siehst, den Zeiger deiner Uhr, das Fenster … Lass die Augen dabei weiter entspannt auf dem ursprünglichen Punkt ruhen. Nimm dir ausreichend Zeit dafür.

Benenne dann fünf Geräusche (laut oder in Gedanken), die du gerade hören kannst. Vielleicht summt die Heizung, du hörst den Straßenverkehr oder ein Telefonklingeln.

Benenne fünf Körperwahrnehmungen, die du gerade spürst. Damit sind keine Gefühle gemeint, sondern zum Beispiel ob du deinen Po auf dem Stuhl spürst, deine Fußsohlen auf dem Boden, eine Verspannung im Rücken …
Lass zu, dass dein Atem den Rhythmus dieser Übung bestimmt.

Nun beginne wieder von vorne und benenne vier Dinge, die du siehst.

Vier Dinge, die du hörst.
Vier Dinge, die du spürst.

Dann benenne drei Dinge, die du siehst.

Drei Dinge, die du hörst.
Drei Dinge, die du spürst.

Jetzt benenne zwei Dinge, die du siehst.

Zwei, die du hörst.
Zwei, die du fühlst.

Und jetzt benenne ein Ding, das du siehst.

Eines, das du hörst.
Und eines, das du spürst.

Lass die Augen noch eine Weile geschlossen.

Nimm die Entspannung bewusst wahr.

Und dann lass sie auch wieder langsam los. Indem du die Finger und Zehen ein bisschen bewegst, dann die Hände, die Füße, die Arme. Streck dich gut, rekle dich und atme ein paar Mal tief ein und aus. Öffne deine Augen und sieh dich im Raum um. Dann stehe auf und bring deinen Kreislauf wieder in Schwung, indem du ein bisschen herumgehst oder auf der Stelle hüpfst.

Alleskönner Meditation?

Wir haben an anderer Stelle schon erklärt, dass Meditation nachweislich positive Auswirkungen auf deine Gesundheit haben kann, sich Schmerzen dadurch weniger schlimm anfühlen oder sich Stress reduzieren lässt. Aber sie kann uns auch dabei unterstützen, als Mensch Güte, Liebe und Mitgefühl zu kultivieren und unser Miteinander zu fördern. Das erforscht Tania Singer, ehemalige Direktorin des Max-Planck-Instituts in Leipzig mit einem groß angelegten Studienprojekt seit einiger Zeit. Im »ReSource Project« trainieren die TeilnehmerInnen mittels Meditationstechniken Achtsamkeit, Mitgefühl, Dankbarkeit und Kooperationsverhalten. Erste Ergebnisse lassen schon aufhorchen: So zeigt sich, dass schon ein kurzes, zielgerichtetes mentales Training strukturelle Veränderungen im Gehirn bewirken kann. Vor allem dann, wenn die Übungen auf soziale Fähigkeiten ausgerichtet sind. Meditationspraxis hat also nicht nur erfreuliche Auswirkungen auf dich, sondern zieht weitere Kreise. Sie fördert die Freundschaft mit dir und mit anderen. Lass uns dir hier noch einmal die Metta-Meditation in Erinnerung rufen, die wir dir an anderer Stelle vorgestellt haben, sie war auch Teil des »ReSource Project« und gilt als eine der wirkungsvollsten Meditationen. Erinnerst du dich, es ging los damit, dass du denkst »Möge ich sicher und geborgen sein, möge ich gesund sein«, dann das Ganze mit dem »Du« und so weiter.

Im Anschluss findest du noch andere Meditationstexte, die du dir selbst aufnehmen kannst, um sie dir anzuhören.

Anregung: Meditation »In Form bringen«

Nimm eine Sitzposition in möglichst aufrechter Haltung ein, um allen Räumen in dir die Möglichkeit zu geben, sich auszuweiten.

**Denn du willst sie in jene Form bringen,
für die sie geschaffen sind.**

Weit, nach allen Seiten hin gedehnt.
Und von einer zarten Membran umgeben, die eine gewisse Durchlässigkeit erlaubt.
Denn den guten Baustoffen soll der Eintritt ermöglicht und den schlechten verwehrt werden.
Diesen Vorgang in dir betrachtend stellst du fest, wie wunderbar diese selektiv durchlässige Membran funktioniert.
Und du unterstützt diesen Vorgang mit langsamer und bewusster Atmung.
Mit jedem Atemzug spürst du, wie deine inneren Räume sich weiten.
Und Gestalt annehmen.
Mit wachsender innerer Strukturiertheit wachsen Mut und Kraft.
Und als du dann schließlich wie von selbst und mühelos aufrecht dasitzt, spürst du ganz deutlich, dass nicht Muskelkraft und Haltung diese Position ermöglichen, sondern deine erstarkten, in Form gebrachten inneren Räume.

Anregung: Meditation »Das Zeichen in mir«

Nimm eine Sitzposition ein, in der du wachsam sein kannst.

> **Werde nun aller größeren und kleineren Schritte gewahr, die du in letzter Zeit unternommen hast.**
> Der Schritte, die dir eine Idee davon gegeben haben, wie es ist, weniger Angst zu fühlen.
> Aufbauend auf diese Erfahrungen wirst du dir bewusst, dass nichts dagegenspricht, diesen Weg so weiterzugehen.
> Das Beruhigende daran ist, dass du jene einfachen Instrumente, die diesen Weg ebnen, nun kennst.
> Mehr als das – du trägst sie in dir.
> Sie warten nur darauf, dass du von ihnen Gebrauch machst.
> Und wenn es dir wieder einmal schlechter gehen sollte.
> Und du vergessen hast, dass es in dir diesen Schatz gibt, dann – so hast du es mit deinem Unbewussten vereinbart – gibt es dir ein Zeichen.
> Du kannst dich darauf verlassen, dass dieses Zeichen für dich im entscheidenden Augenblick erkennbar sein wird.
> Voll Vertrauen gehst du einer erfüllten Zukunft entgegen.

Was aus diesen Anregungen zur Entspannung möchtest du in deinen Berufsalltag einbinden? Lass das dein Inneres Parlament beschließen.

Sitzung des Inneren Parlaments

- *Tagesordnungspunkt:* Festlegen eines Verordnungsvorschlages, um zu entscheiden, wie du mit deinen Gedanken im Job und mit anderen umgehen willst.
- *Anwesend:* der Innere Kommunikationschef, das Innere Gewissen, die Innere Vernunft, das Innere Bauchgefühl, die Innere Pessimistin, die Innere Optimistin, die Innere

Ehrlichkeit, die Innere Güte, der Innere Großzügige, die Innere Ruhe, der Innere Ärger;

- *Fragestellung:*
  – Welche Techniken will ich im Arbeitsalltag ausprobieren, die mir helfen, mich zu entspannen?

Jetzt lass deine Inneren ParlamentarierInnen diskutieren. Zu welchen vorübergehenden Verordnungsvorschlägen kommen sie?

“ *Ich verordne mir für den Zeitraum von zwei Wochen (oder einen anderen beliebigen Zeitraum) Folgendes in Bezug auf meine ärgerlichen oder wütenden Gedanken über die Arbeit und über mich im Arbeitsalltag:*

Deine Happy-Ethik-Verordnungen fürs Denken

Lass uns jetzt zusammenfassen, was du dir in Bezug auf das Denken und deine innere Haltung als Verordnungsvorschläge für deinen Alltag gemacht hast. Schreib dir hier selbst noch einmal zusammen, was du dir vorgenommen hast und notiere erste Erfahrungen, wie gut es dir gelingt, deine Verordnungen auszuführen:

Die So-will-ich-denken-Verordnung:
Ich habe mir für den Zeitraum von zwei Wochen (oder einen anderen beliebigen Zeitraum) folgende Dinge in Bezug auf mein Denken, das Grübeln und meinen Schlaf verordnet:
Meine Erfahrungen damit:

Die Meditations-Verordnung:
Ich habe mir für den Zeitraum von zwei Wochen (oder einen anderen beliebigen Zeitraum) folgende Dinge in Bezug aufs Meditieren verordnet:
Meine Erfahrungen damit:

Die So-will-ich-über-mich-und-andere-denken-Verordnung:
Ich habe mir für den Zeitraum von zwei Wochen (oder einen anderen beliebigen Zeitraum) Folgendes in Bezug auf meine Gedanken über andere und mich verordnet:
Meine Erfahrungen damit:

Die So-denke-ich-über-meine-Arbeit-Verordnung:
Ich habe mir für den Zeitraum von zwei Wochen (oder einen anderen beliebigen Zeitraum) Folgendes in Bezug auf meine Gedanken über die Arbeit und mich im Arbeitsalltag verordnet:
Meine Erfahrungen damit:

Die Wut-Entspannungs-Verordnung:
Ich habe mir für den Zeitraum von zwei Wochen (oder einen anderen beliebigen Zeitraum) Folgendes in Bezug auf meine ärgerlichen oder wütenden Gedanken über die Arbeit und mich im Arbeitsalltag verordnet:
Meine Erfahrungen damit:

IV Deine persönliche Happy Ethik

Du hast viele Anregungen bekommen und hast dich selbst dazu angehalten, einiges auszuprobieren. Nicht alles hat für dich gepasst, und das ist auch völlig in Ordnung. Beim Entwickeln deiner eigenen Happy Ethik geht es nämlich vorrangig darum, was für dich funktioniert. Welche Werte für dich gelten sollen. Wie du sein willst. Wie du nicht sein willst. Wie du handeln willst. Wie du nicht handeln willst. Wie du reden willst. Wie du nicht reden willst. Wie du denken willst. Wie du nicht denken willst. Und wie du dich selbst dazu kriegst, das alles zu tun. Also sieh dir jetzt noch einmal in aller Ruhe deine Verordnungsvorschläge an, die du dir gemacht hast.

10. Beim Happy Tun ging es um:

Die Aktivitätsverordnung: Du wolltest bestimmte Aktivitäten ausüben.

Die Sport-/Körperverordnung: Du wolltest bestimmte sportliche Aktivitäten in deinen Alltag integrieren und gut für deinen Körper sorgen.
Die Entspannungsverordnung: Du wolltest entspannende und stressreduzierende Aktivitäten in deinen Alltag einbauen.
Die Familien-/Freundes-/Partnerverordnung: Du wolltest überlegen, was du in Bezug auf deine Beziehungen, deinen Partner, deine Partnerin, deine Freunde, deine Familie tun kannst.
Die Arbeitsverordnung: Du wolltest bestimmte Dinge in Bezug auf dein Arbeitsleben tun.

11. Beim Happy Sagen ging es um:

Die So-will-ich-mit-mir-reden-Verordnung: Du wolltest bestimmte Dinge in Bezug auf die Sprache und Aussagen dir gegenüber beachten.
Die Autosuggestions-Verordnung: Du wolltest bestimmte Dinge in Bezug auf Sätze, die du für wahr hältst und Dinge, die du über dich sagst, beachten.
Die So-rede-ich-mit-anderen-Verordnung: Du wolltest auf bestimmte Sachen in Bezug auf deine Sprache anderen gegenüber achten.
Die So-will-ich-im-Beruf-reden-Verordnung: Du hast dir einiges in Bezug auf deine Sprache im Job überlegt.
Die So-will-ich-über-Gesundheit-kommunizieren-Verordnung: Du hast dir überlegt, wie du in Bezug auf Gesundheitsthemen kommunizieren willst.

12. Beim Happy Denken ging es um:

Die So-will-ich-denken-Verordnung: Du wolltest bestimmte Dinge in Bezug auf dein Denken, das Grübeln und deinen Schlaf ausprobieren.
Die Meditations-Verordnung: Du wolltest versuchen, das Meditieren in deinen Alltag zu integrieren.
Die So-will-ich-über-mich-und-andere-denken-Verordnung: Du hast festgelegt, wie du über dich und andere denken willst.
Die So-denke-ich-über-meine-Arbeit-Verordnung: Du hast überlegt, wie du über deine Arbeit und dich im Beruf denken willst.
Die Wut-Entspannungs-Verordnung: Du hast dir überlegt, wie du mit negativen Gedanken über den Job umgehen willst.

13. Zeit für deine Happy Ethik

Sieh dir noch einmal genau und in Ruhe an, was du alles ausprobiert und dir vorgenommen hast. Deine Verordnungsvorschläge hatten eine Gültigkeit von ungefähr zwei Wochen – oder einen anderen Zeitraum, den du festgelegt hast. Was daraus darf und soll für dich längerfristig gelten? Wir schlagen dir vor, deine Happy Ethik für ungefähr ein Jahr festzulegen und immer wieder zu überprüfen, ob sie noch passend für dich ist. Natürlich kannst du jederzeit Abänderungsanträge an dein Inneres Parlament stellen und nachjustieren. Aber aus allem, was du bis jetzt probiert hast, worüber du dir Gedanken gemacht hast und klar geworden bist – daraus lege für dich fest, welche fixen Elemente in deiner Happy Ethik stehen soll. Versuche dazu aus den drei Bereichen Tun, Sagen und Denken je zwei Verordnungen für dich festzulegen und einen persönlichen kategorischen Imperativ zu formulieren.

Das ist die Happy Ethik von: ....

Festgelegt am: ....

Mit einer Gültigkeit bis: ....

Wenn es um das Happy Tun geht, lege ich für mich fest:

1.

2.

Wenn es um das Happy Sagen geht, lege ich für mich fest:

1.

2.

Wenn es um das Happy Denken geht, lege ich für mich fest:

1.

2.

Mein persönlicher kategorischer Imperativ, der mich in meinem Tun, Sagen und Denken leiten soll, lautet:

Unterschrift:

Quellenverzeichnis

Albrecht, Harro: Heilung, die von innen kommt, in: Die Zeit, 21. Juli 2011.

Ansell, Emily B. u.a.: Prosocial behaviour mitigates the negative effects of stress in everyday life, in: Clinical Psychological Science, 2015.

Breit, Lisa: Große Ideen, ohne nachzudenken. Karrierestandard, Oktober, 2016.

Bernstein, Douglas; Borkovec; Thomas: Entspannungstraining: Handbuch der Progressiven Muskelentspannung nach Jacobson. Klett Cotta, 2018.

Cameron, Julia: Der Weg des Künstlers: Ein spiritueller Pfad zur Aktivierung unserer Kreativität. Knaur, 2009.

Conrad, Tobias; Timmel, Carola: Ängsten gelassen begegnen: Achtsamkeitsmeditationen für Kraft, Mut und Zuversicht. Carl-Auer-Verlag, 2012.

Coué, Émile; Nieswandt, Anreas: Die Selbstmeisterung durch bewusste Autosuggestion, in modernes Deutsch übertragen und kommentiert von Andreas Nieswandt. Amazon Media, Kindle edition, 2013.

Coué, Émile: Was ich sage, Auszüge aus meinen Vorträgen, Schwabe und Co, 2007.

Csikszentmihalyi, Mihaly: Flow: Das Geheimnis des Glück., Klett-Cotta, 2015.

Dilts, Robert: Die Veränderung von Glaubenssystemen, NLP Glaubensarbeit. Junfermann, 1994.

Dispenza, Joe: Du bist das Placebo: Bewusstsein wird Materie. Koha, 2014.

Dlugosch, A. C.; Fluck, J.; Dlugosch, G.E.: Der Depression Beine machen: Ergebnisse einer Evaluation von offenen Lauftreffs für Menschen mit Depression. Springer-Verlag, 2017.

Emoto, Masaro: Liebe und Dankbarkeit: Der universelle Lebenscode. Wasser – lebendiger Botschafter. J. Kamphausen Mediengruppe, 2017.

Frei, Felix: Freibriefe: 66 Reflexionen für Geführte. Pabst, 2017.
Kabat-Zinn, Joe: Gesund durch Meditation: Das große Buch der Selbstheilung mit MBSR. Knaur, 2013.
Goleman, Daniel; Davidson, Richard: Altered traits: Science reveals how meditation changes your mind, brain and body. Avery, 2017.
Gottschlich, Maximilian: Medizin und Mitgefühl: Die heilsame Kraft empathischer Kommunikation. Böhlau, 2007.
Hasselhorn, H. M./Freude, G.: Der Work Ability Index. Ein Leitfaden (Schriftenreihe der Bundesanstalt für Arbeitsschutz und Arbeitsmedizin: Sonderschrift, Bd. 87). Bremerhaven: Verlag für neue Wissenschaft, 2007.
Heinrich, Christian: Wie mächtig ist die Hoffnung?, in: Die Zeit Doctor, 03/2017.
https://avantgarde-experts.de/studie-arbeitszufriedenheit-deutschland-2017
http://downloads.eo-bamberg.de/11/1044/1/98714350984087039689.pdf
https://focus.de/gesundheit/gesundleben/stress/relaxen/tid-21745/meditation-ist-fitness-fuer-die-seele-den-stress-weg-denken_aid_604020.html
https://hrs.isr.umich.edu/about?_ga=2.123528139.1560476892.1505627016–933132421.1505627016
https://hrtoday.ch/de/news/psychologie-studie-ignoriert-werden-ist-schlimmer-als-absage
http://hypnose-praxis-hannover.de/hypnose/denken-und-glauben/
INQA-WAI-Netzwerk (2017): Wie steht es um Ihre Arbeitsfähigkeit? WAI*-Fragebogen und Auswertung (Kurzversion). URL: https://www.wainetzwerk.de/uploads/content/pdf/WAI-Fragebogen-Kurzversion%20mit%20Auswertungsbogen.pdf (Abruf am 09. 05. 2019).
https://mbsr-verband.de, https://mbsr-verband.at
https://www.ncbi.nlm.nih.gov/pubmed/24600370
https://www.resource-project.org/

https://psychologie-heute.de/archiv/detailansicht/news/soziale_neugier_im_alter_haelt_den_geist_laenger_fit/
http://www.neurologische-krankheiten.info/unser-gehirn/gehirn-und-psyche-der-einfluss-der-gedanken-auf-die-gesundheit
http://psychologie-heute.de/news/gesundheit-psyche/detailansicht/news/gute_taten_bessere_laune/, 09, 2017.
http://www.arbeitsfaehig.com/de/work-ability-index-(wai)-382.html
http://www.huffingtonpost.com/debbie-hampton/how-your-thoughts-change-your-brain-cells-and-genes_b_9516176.html
https://www.intersport.at/unternehmen/pressebereich/pressemitteilungen/intersport-sportreport-2017-n1546184
https://www.leitlinien.de/nvl/depression
https://www.ncbi.nlm.nih.gov/pubmed/18485265
https://www.ted.com/talks/amy_cuddy_your_body_language_shapes_who_you_are?language=de#t-1232524
https://www.tk.de/centaurus/servlet/contentblob/921466/Datei/3654/TK-Stressstudie_2016_PDF_barrierefrei.pdf
https://www.youtube.com/watch?v=zNtPVgblzWY
http://www.zeit.de/zeit-wissen/2012/06/Sprache-Worte-Wahrnehmung/seite-5
https://www.zukunftsinstitut.de/artikel/arbeit-am-ich-das-ende-des-hobbys/
Hansen, Ernil: Skripten privat. Uni Regensburg.
Hüther, Gerald: Rettet das Spiel! Hanser Verlag, 2016.
Kazula, Gert: Stressbewältigung: Trainingsmanual zur psychologischen Gesundheitsförderung. Springer Verlag, 2015.
Koziol, Klaus: 10 Gebote der Gelassenheit, Johannes 23. Butzon-Bercker, 2017.
Linemayr, Günther: Kommunikation – quo vadis?, in: Doktor in Wien, 06, 2012.
Luerweg, Frank: Perspektivwechsel, in: Psychologie heute compact, Nr. 55, 2019.
McEwan, Bruce: Samstags gehe ich zum Yoga, in: Der Spiegel, 48/2008.

Neubauer, Ursula: Es ghört mehr gelacht. in: Wienerin, September 2015.
Ott, Ulrich: Meditation für Skeptiker. Ein Neurowissenschaftler erklärt den Weg zum Selbst. O.W. Barth-Verlag, 2015.
Öttinger, Gabriele: Die Psychologie des Gelingens. Droemer, 2017.
Parker Schiffer, L; Roberts, Tomi-Ann: The paradox of happiness: Why are we not doing what we know makes us happy?, in: The Journal of Positive Psychology, 2017 (DOI: 10.1080/17439760.2017.1279209).
Rhode, Sven: Die Erzählung unseres Lebens, in: Psychologie heute, Jänner 2019.
Rief, Winfried u.a.: Preoperative optimization of patient expectations improves long-term outcome in heart surgery patients: results of the randomized controlled PSY-HEART trial, in: BMC Medicine, 10. Januar 2017.
Rigos, Alexandra: Der Speicher des Lebens, in: Geo kompakt, Nr. 57, 2019.
Rosenthal, Robert; Jacobson, Lennore: Pygmalion im Unterricht. Lehrererwartungen und Intelligenzentwicklung der Schüler. Beltz, 1983.
Salzberg, Sharon; Metta Meditation – Buddhas revolutionärer Weg zum Glück. Geborgen im Sein. Arbor, 2003.
Scharma, Carl Otto: Theorie U. Von der Zukunft her führen: Presencing als soziale Technik. Carl-Auer Verlag, 2014.
Schell, Romina: Das Herz im NLP, Kongruent und empathisch coachen mit Virginia Satir, in: Die Dritte Generation des NLP, Junfermann, 2015.
Schmerzen lassen sich wegdenken, in: Medical Tribune, Ausgabe 37, 2009.
Schöneberger, Birgit: Die Heilkraft der Meditation, in: Psychologie heute, 03/2018.
Schulz von Thun, Friedemann: Miteinander reden. Bände 1–4. rororo, 2014.
Scuta, Roger: Herder/Spektrum Meisterdenker: Kant. Panorama, 1999.

Singer, Wolf; Ricard, Matthieu: Hirnforschung und Medizin, Ein Dialog. Suhrkamp, 2008.
Spork, Peter: Gesundheit ist kein Zufall. Wie das Leben unsere Gene prägt. Die neuesten Erkenntnisse aus der Epigenetik. DVA, 2017.
Starostzig, Christine: Noceboeffekte vermeiden – Placeboeffekte nutzen, in: Im Fokus Onkologie, 17, 2014.
Tesky, Vogt, Banzen, Pantel: Effects of aerobic exercise on brain metabolism and grey matter volume, in Nature: https://www.nature.com/articles/tp2017135.
Thich Nhat Hanh: Ärger: Befreiung aus dem Teufelskreis destruktiver Emotionen. Goldmann Arkana, 2007.
Trenkle, Bernhard (2013): Die Löwen-Geschichte. Hypnotisch-metaphorische Kommunikation und Selbsthypnosetraining. Carl-Auer Verlag.
Watzlawick, Paul: Anleitung zum Unglücklichsein. Piper, 2009.
Ware, Bronnie: 5 Dinge, die Sterbende am meisten bereuen: Einsichten, die Ihr Leben verändern werden. Goldmann, 2015.
von Werder, Lutz: Lehrbuch des kreativen Schreibens. Grundlagen, Technik, Praxis. Marixverlag, 2016.
Wolf, Christian: Placebo – Wie der Schein heilt, in: Gehirn & Geist, 03/2018.